O COMBATE ESPIRITUAL

Dados Internacionais de Catalogação na Publicação (CIP)
(Câmara Brasileira do Livro, SP, Brasil)

Testut, Suzanne Giuseppi
 O combate espiritual : à luz de Francisco de Assis e de seus irmãos / Suzanne Giuseppi Testut ; tradução Francisco Morás. – 1. ed. – Petrópolis, RJ : Editora Vozes, 2021.

 Título original: Le Combat Spirituel
 ISBN 978-65-5713-158-9

 1. Cristianismo 2. Combate espiritual 3. Francisco de Assis, 1182-1226 – Livros e oração e devoção 4. Vida espiritual I. Morás, Francisco. II. Título.

21-60681 CDD-248.4

Índices para catálogo sistemático:
1. Vida espiritual : Cristianismo   248.4

Aline Graziele Benitez – Bibliotecária – CRB-1/3129

SUZANNE GIUSEPPI TESTUT

O COMBATE ESPIRITUAL

À luz de Francisco de Assis
e de seus irmãos

Tradução de Francisco Morás

Petrópolis

© Nouvelle Cité 2018
Domaine d'Arny, 91680 Bruyères-le-Châtel

Tradução realizada a partir do original em francês intitulado
Le Combat Spirituel – À la lumière de Saint François D'Assise et de ses frères

Direitos de publicação em língua portuguesa – Brasil:
2021, Editora Vozes Ltda.
Rua Frei Luís, 100
25689-900 Petrópolis, RJ
www.vozes.com.br
Brasil

Todos os direitos reservados. Nenhuma parte desta obra poderá ser reproduzida ou transmitida por qualquer forma e/ou quaisquer meios (eletrônico ou mecânico, incluindo fotocópia e gravação) ou arquivada em qualquer sistema ou banco de dados sem permissão escrita da editora.

CONSELHO EDITORIAL

Diretor
Gilberto Gonçalves Garcia

Editores
Aline dos Santos Carneiro
Edrian Josué Pasini
Marilac Loraine Oleniki
Welder Lancieri Marchini

Conselheiros
Francisco Morás
Ludovico Garmus
Teobaldo Heidemann
Volney J. Berkenbrock

Secretário executivo
João Batista Kreuch

Editoração: Maria da Conceição B. de Sousa
Diagramação: Sheilandre Desenv. Gráfico
Revisão gráfica: Rubia Campos Guimarães Cruz
Capa: Felipe Souza | Aspectos
Ilustração de capa: Saint François d'Assise, fresque du XIII siécle, église du Sacro Speco, Subiaco, Italie.

ISBN 978-65-5713-158-9 (Brasil)
ISBN 978-23-7582-007-0 (França)

Editado conforme o novo acordo ortográfico.

Este livro foi composto e impresso pela Editora Vozes Ltda.

Ao meu pai espiritual,
Philippe Dautais

À Yvon Cadenac

Sumário

Abreviações, 9

Prefácio, 11

Preâmbulo, 13

I – O combatente, 15

II – A pedagogia divina no centro do combate, 28

III – O combate espiritual se vive no despojamento e na paciência, 59

IV – Todo combatente deve dispor de armas e saber se servir delas, 83

V – Trabalhar com o capital espiritual dado por Deus, 106

VI – A dimensão de interioridade no combate espiritual, 118

VII – O combate espiritual no mundo, ontem e hoje, 131

Conclusão – A paz se conquista e a fraternidade se vive, 145

Anexos, 147

Referências, 153

Índice, 155

Abreviações[1]

Escritos de São Francisco	
Ad	Admoestações
1Fi	Carta aos fiéis I (1ª Recensão)
2Fi	Carta aos fiéis II (2ª Recensão)
Gv	Carta aos governantes
LD	Louvores ao Deus Altíssimo
Mn	Carta a um ministro
OC	Oração diante do Crucifixo
Ord	Carta a toda a Ordem
PN	Paráfrase ao Pai-nosso
RB	Regra Bulada
RnB	Regra não Bulada
SlM	Salmos dos mistérios do Senhor Jesus
SM	Saudação à Bem-aventurada Virgem Maria
SV	Saudação às Virtudes
Test	Testamento

---

1 As abreviações e citações dos escritos de São Francisco, das legendas e dos testemunhos foram transcritas de TEIXEIRA, C.M. (org.). *Fontes franciscanas e clarianas*. 2. reimpr. Petrópolis: Vozes/FFB, 2019 [N.T.].

Legendas e testemunhos	
AP	Anônimo Perusino
AtF	Atos do Bem-aventurado Francisco e companheiros
CA	Compilação de Assis
1Cel	Primeira Vida, de Tomás de Celano
2Cel	Segunda Vida, de Tomás de Celano
2EP	Espelho da Perfeição (maior)
LM	Legenda maior de São Boaventura
LTC	Legenda dos Três Companheiros e Carta de Greccio
Slb	Crônica de Salimbene de Parma
Sagrada Escritura	
At	Atos dos Apóstolos
1Cor	Primeira Carta aos Coríntios
2Cor	Segunda Carta aos Coríntios
Ef	Carta aos Efésios
Gl	Carta aos Gálatas
Is	Isaías
Jo	João
1Jo	1ª João
Lc	Lucas
Mt	Mateus
Ne	Neemias
Os	Oseias
Rm	Cartas aos Romanos
Sl	Salmos
1Sm	1º Samuel

Prefácio

Deus, em sua imensa ternura, jamais se cansa de nos surpreender. Ele nos aguarda nos encontros que estabelecemos na vida, num evento, num face a face qualquer, numa leitura, revelando-nos o *"inestimável tesouro"* (LP 43/CA 83) da vida com Deus que, no coração do mundo, dá sentido à nossa existência.

Quem de nós, mais dia menos dia, no mais íntimo de seu ser, não se deparou com o irresistível desejo de ser mais amável, mais livre, mais vivo?

Nesta obra, Suzanne Giuseppi Testut estimula nossa mente a penetrar numa dimensão essencial do crescimento espiritual e humano: *não existe vida sem combate.*

Ao longo destas páginas, Francisco de Assis, que fez de sua vida um indescritível testemunho, ternamente sussurra aos ouvidos de nossa alma conselhos preciosos, pertinentes, atuais, que nos confrontam com nossas certezas e deslizes.

À luz da humilde experiência deste homem e de seus irmãos, somos convidados a trilhar as sendas de nosso Senhor Jesus Cristo. Convidados a superar as cegueiras e ambições que nos impedem de amar e deixar-nos amar, somos desafiados a entender melhor a grandeza da missão que nos é confiada: a de construir, passo a passo, um mundo mais autêntico, mais transparente, mais fraterno, enraizado no projeto de Jesus.

Discípula entusiasta e seguidora de São Francisco de Assis, Suzanne Giuseppi Testut percorre os diferentes aspectos da vida cristã, particularmente entendida por ela como um combate espiritual: o campo da batalha, porém, reside dentro de nós.

A tonalidade é justa; a pluma, leve e exata; o ensinamento, certo e testado. Cada página fascina, cativa, interpela e nos põe a caminho.

Concretamente, com delicadeza, graça e fineza, Suzanne nos leva ao coração de uma profunda meditação e amadurecimento de nosso próprio combate de vida. Será que ousaríamos enfrentar este desafio?

Estas páginas falam de paixão, de combate, de sentido, de amor, de esperança, de fraternidade, de missão, de alegria, de paz...

As mentes inquietas, mornas, adormecidas, idolátricas, satisfeitas ou desorientadas encontram em sete capítulos "o choque elétrico" necessário para ousar correr o risco de lançar-se no mundo com esperança.

Cada mulher, cada homem participa da salvação do mundo. *Receber e dar a vida em abundância* é nossa vocação e nossa missão de batizados, de "discípulos-missionários", aqui e agora.

Ousemos redescobrir o que faz a beleza, o frescor, o vigor e a vitalidade da boa-nova recebida dos apóstolos. Assim nos tornamos verdadeiros artífices da paz neste mundo.

Degustemos cada página desta obra. Ofereçamos à nossa alma o tempo necessário para interiorizar e fazer sua esta "meditação-peregrinação" finamente voltada para o Sumo-Bem.

Obrigado, querida Suzanne, por fazer-nos caminhar nessa arte de viver nos passos de Cristo.

Paz e bem!

† Christian Rodembourg, MSA
Bispo de Saint-Hyacinthe

Preâmbulo

A ignorância é a condição para acolher a Palavra de Deus que ilumina todas as coisas sob um novo olhar e renova no homem sua maneira concreta de existir[2].

Possa eu merecer ser o discípulo de quem sempre evitou as palavras enigmáticas e ignorou a linguagem cintilante![3]

Como é possível falar de combate a propósito de São Francisco enquanto ele se apresenta como escolhido por Deus "porque não existe sobre a terra maior pecador e criatura mais vil e mais insensata do que ele"? E que ele mesmo se considerava "idiota"?

Releiamos a resposta que deu Francisco a seu irmão Masseu[4] quando este se impressiona: "Impressionante que todo mundo parece querer seguir-te e todos querem te ver, te ouvir e te obedecer! Não és um homem belo, não tens grandes conhecimentos nem uma grande sabedoria; tampouco és nobre".

---

2 MAÎTRE ECKHART. *Sermon 102.*

3 DALARUN, J. *François d'Assise en questions.* Paris: CNRS, 2016, p. 86 [palavras de Tomás de Celano proferidas após ter recebido a ordem do Papa Gregório de escrever os atos da vida de São Francisco de Assis].

4 Cf. a integralidade do anexo "Como Frei Masseu investigou a humildade de São Francisco".

Francisco lhe responde: "Deus escolhe a loucura do mundo para confundir os sábios e as coisas ignóbeis, desprezíveis e enfermas para confundir os nobres, os poderosos e os fortes..." (AtF 10)[5].

O que quer exprimir Francisco quando se diz *idiota*? Este termo é geralmente interpretado como inculto. Mas se nos referirmos à ortografia grega do termo *idiota* com um ômega, o termo se aplica a alguém especial, com características que lhe são próprias. Por exemplo: ser um homem singular, extraordinário, excepcional, diferente de todos os outros.

Como imaginar um Francisco combatente, se ele mesmo escolheu voluntariamente a pobreza, falava com os pássaros, nos convida à fraternidade universal e é igualmente reconhecido por todos como um artífice da paz?

O objeto desta obra é tentar responder a estas questões.

O combate de Francisco é o de fazer brilhar a presença de Deus, de manifestá-la no meio de suas atividades cotidianas e especialmente através do serviço ao mais pobre com a preocupação de devolver ao homem a sua dignidade. O desejo desse combatente fora do comum é que Deus esteja presente em todas as coisas em seu espírito, sua intenção e seu amor.

Frei Francisco nos revela seu lado singular ao considerar-se *idiota,* ao escolher a "Dama Pobreza" e ao viver a fraternidade. Não estaria ele revelando assim o segredo de seu combate e de sua humilde obediência a Deus, o seu lado mais profundo, ou seja, o lugar onde se realiza sua união com o Cristo-Servidor?[6]

> O Senhor me disse que queria fazer de mim um novo louco no mundo, e não quer conduzir-nos por outro caminho senão por esta sabedoria (LP 114/CA 18).
> O excesso de conhecimento suprime a ignorância que é a única via para alcançar a Deus nele mesmo[7].

---

5 As citações são extraídas de DALARUN, J. (org.). *François d'Assise*: écrits, vies, témoignages. Paris: Du Cerf/Franciscaines, 2010 [Éditions du VIIIᵉ Centenaire, 2 vols.].

6 Cf. MATURA, T. *François d'Assise* – Héritage et héritiers huit siècles après. Paris: Du Cerf, 2008, p. 81.

7 LOSSKY, V. *Essai sur la théologie mystique de l'Église d'Orient.* Paris: Du Cerf, 1990.

I

O combatente

A aprendizagem

Por quê? Com vista a quê?

O tema de nossa obra, o combate espiritual, é exigente tanto para o autor quanto para o leitor. Ele deve ser abordado sem tibieza nem condescendência, o que pressupõe um engajamento sem enganações. O desenvolveremos, principalmente, à luz do combate espiritual de Francisco de Assis e de seus irmãos. Se nossa abordagem parece comportar repetições, é em razão de uma abordagem progressiva e de uma meditação profunda do conjunto dos escritos.

> A nossa luta não é contra forças humanas, mas contra os principados, contra as autoridades, contra os dominadores deste mundo tenebroso, contra os espíritos maus dos ares (Ef 6,12).

O combatente deve saber quem ou como e por quem e para quê combate, e conhecer o terreno em que se encontra

Combateria ele por si mesmo, por seus interesses próprios, por um ideal, por uma nobre causa temporal ou espiritual? A resposta a estas questões parece evidente, no entanto, ela necessita de uma grande verdade interior e de um profundo conhecimento de si. Por exemplo: todos necessitamos de um ideal, mas, quando o ideal se esvai, o que fazer?

"O espírito está pronto, mas a carne é fraca" (Mt 26,41). Apesar disso, não temos o direito nem de duvidar da grandeza ou da beleza de um ideal, nem da sinceridade de uma intenção. O movimento de Francisco de Assis jamais teria nascido sem a intuição do bispo Guido, que logo compreendeu que alguma coisa importante estava acontecendo no coração daquele jovem de Assis meio extravagante. Guiado pelo Espírito, não teria ele pressentido que aquele jovem iria arrastar atrás de si outros homens que juntos constituiriam uma nova força em meio às agitações da época? Força cujo movimento, totalmente espiritual, levaria a um corpo a corpo com o espírito do mundo de então.

O combatente deve munir-se das "armas" apropriadas e saber servir-se delas

Mas as armas de nosso combate não dependem de nenhum arsenal humano.

> Pois, ainda que vivamos na carne, não lutamos por motivos humanos. As armas com que lutamos não são humanas, mas divinas, poderosas para arrasar fortificações (2Cor 10,3-4).

A arma essencial que nos concerne é o Amor que, por sua vez, detém com exclusividade o verdadeiro poder da vitória. Entretanto, em que medida estamos determinados a recorrer a essa arma? Com qual intensidade fazemos uso do potencial divino que Deus depositou em nós para esse fim? Aceitamos entregar-nos, não como vencidos, mas como aliados, ao espírito, a fim de buscarmos o necessário discernimento? Deixamos livre caminho a Deus ou lhe fazemos resistência?

O caminho espiritual exige um longo aprendizado. O primeiro é a confiança, que consiste em colocar-se sob o olhar de uma pessoa que se exerce na luta "contra os espíritos do mal". Por exemplo: um "sábio", como no-lo dizem os Padres do deserto, que nos auxiliará a reconhecer os obstáculos que se opõem ao amor. Isso nos evitará muitas derrotas. Ninguém deve combater sozinho.

Francisco inicialmente entregou-se ao Bispo Guido, que o acolheu e o colocou sob a sua proteção. Quando seus primeiros irmãos começaram a segui-lo e seu movimento passou a tomar forma, ele pediu a Roma o apoio espiritual como homem de Igreja, sábio e avisado. A partir de então, todos, Francisco e seus companheiros, puseram-se a caminho com a mente voltada para Deus, pedindo-lhe que lhes esclarecesse os passos a serem dados. Dessa forma, permitiram que a vontade de Deus brilhasse sobre sua vida de serviço e de partilha.

Todo combate supõe protagonistas: os atores que exercem o papel principal

Nenhum combate pode ser estudado, encetado, iniciado sem o conhecimento dos protagonistas. Trata-se aqui do homem e do mal, do velho homem e do homem novo, das virtudes e das paixões, do homem simples criatura diante do Deus Criador, do corpo e da alma.

Em que medida nossa vida é concebida como uma luta contra Deus, um eterno enfrentamento de forças? Reconhecer esta questão significa situar-se no horizonte do homem tentado a colocar-se no mesmo nível ou acima de Deus. Objetivando o aprendizado espiritual sob o olhar de um acompanhante que nos ajuda a ver que somos homens e mulheres que precisam agir com o auxílio do Senhor, sempre necessitamos de alguém que oriente nossas decisões. Quanta graça, força e libertação se aceitarmos esta postura em nosso combate espiritual!

Outra questão: em nós, quem exerce o papel principal neste combate? O maligno, ou o Deus Trindade? Esta questão nos remete às nossas convenções e às nossas conveniências, essas "boas razões" que geralmente invocamos, todas tão boas umas como as outras.

Às vezes até mesmo diante de Deus as invocamos. O fato é que, em última análise, nossa resposta só pode surgir do olhar interior que pousarmos sobre nós mesmos, e que deve ser o mais lúcido possível. Uma das chaves do engajamento espiritual consiste em desenvolver esse olhar à luz do olhar do Senhor. Sem isso não podemos falar em combate espiritual, mas tão-somente em cegueira e ilusão. Nossos esforços pessoais e nossas superações sucessivas nos permitirão afinar nossa visão e progressivamente dar respostas sempre mais enraizadas em Cristo.

Francisco jamais isenta o homem de sua própria responsabilidade. Para ele, tudo se decide numa relação de confiança no Senhor, fonte do bem e da fé. Ao situar-nos fora dessa relação, corremos o risco de sermos soprados e levados ao sabor do vento. A Parábola do Moribundo (2Fi 72-85) nos oferece um exemplo formidável. Esse homem é reenviado à sua plena responsabilidade diante do mal. Enganador em vida, é enganado diante da morte.

Todo combatente espiritual deve provar sua determinação

A determinação nasce no poder de nosso desejo orientado para Deus. Os escritos de Francisco e suas orações nos revelam sua sensibilidade extraordinária e sua necessidade imperiosa de agir por Cristo e ser-lhe grato. Ele tem uma profunda consciência do sofrimento que a criatura humana pode infligir ao Senhor. Talvez ele se tenha posto como nós esta questão: Quem sofre em mim? Quem chora em mim? Cristo? O dia em que esse sentimento se torna insuportável, nos decidimos e aderimos ao combate de amor do próprio Cristo.

É possível sair das trevas para conhecer a verdade, e assim gozar plenamente da vida. Para tanto, Francisco e seus irmãos se colocam ao serviço dos outros com o desejo de conduzir os homens a fazer a mesma passagem: mudar de vida e agir no respeito a Deus. Reaquecer os corações e fazê-los cantar.

Ele deve apoiar-se nas virtudes do discernimento e da sobriedade

Virtudes de perseverança, de paciência, de fidelidade e de esperança, de equidade, de esquecimento e doação de si, mas também de grande modéstia, de lucidez, de generosidade, de uma verdadeira audácia e liberdade. A liberdade não é um estado, é uma resposta. Aí reside o verdadeiro combate da Luz contra as forças obscuras. Essa luta faz sentir o dom espiritual que está em nós e faz vencer o que desfigura a perfeição do homem.

Urge fixar essas bases para compreender bem o que está em jogo no combate espiritual por Cristo. O papel dos religiosos e dos consagrados é importante, visto que o mundo necessita de oração, e a oração será ouvida, recebida e dará frutos à medida que essa luta for conduzida pela verdade, na exigência de um caminho de purificação do coração, da alma e do corpo. Francisco e seus irmãos compreenderam esse engajamento comum como uma fidelidade a Deus. Eles, portanto, se reportam constantemente a Ele, a fim de levar a bom termo o que começaram sob sua condução.

O combatente espiritual deve renovar cotidianamente o engajamento

O combatente é chamado, de certo modo, a tornar-se "terra de acolhida da Palavra". Nem sempre é fácil. Há dias em que acolhemos a Palavra como uma verdadeira iluminação, a vivemos e a testemunhamos. Há outros em que, fragilizados ou em estado de falibilidade, não a recebemos verdadeiramente. Condenar-se ou deixar-se penetrar pelo temível espírito de desencorajamento agrava nossa fragilidade. É então imperativo reconhecer e aceitar humildemente nosso estado de alma e, com espírito de simplicidade, confiar ao Senhor as nossas incapacidades e fraquezas. Nesses momentos, não se deixar separar da graça deve ser nossa primeira atitude. Urge pedir ao Senhor que penetre nosso espírito e nosso coração para que a Palavra realize neles sua obra. Mesmo sem nosso conhecimento, ela irromperá no momento oportuno.

Seríamos capazes de acolher o amor gratuito, a abundância de Deus e o espírito do Senhor mesmo aprisionados em nós mesmos ou obstinados em nossa miséria? Poderíamos alcançar uma vitória quando enganamos nossa realidade ou a camuflamos? Seria possível deixar irradiar a imagem de Deus e aperfeiçoar a semelhança? Para entrar com força nesse combate espiritual, é sábio e prudente aceitar a nossa humanidade e confiá-la a Cristo. Foi o que Francisco de Assis fez, e com ele muitos outros, que, sem isso, jamais teriam conseguido percorrer o próprio caminho de santidade. Compreendê-lo é uma grande graça! Só assim é possível tornar-se *habitação* e *morada* (cf. Jo 14,23).

- São Francisco nos alerta quanto às nossas complacências:

> E acautelemo-nos muito da malícia e da esperteza de satanás que quer que o homem não tenha sua mente e o coração dirigidos para Deus. Ele, rodeando, sob a aparência de alguma recompensa ou de ajuda, deseja arrebatar o coração do homem e sufocar-lhe na memória a palavra e os preceitos do Senhor, querendo também, através dos negócios e de cuidados mundanos, obcecar o coração do homem e aí habitar, como diz o Senhor: *Quando o espírito imundo sai do homem, anda por lugares áridos* (Mt 12,43) *e sem água, procurando descanso; e, não encontrando, diz: Voltarei à minha casa de onde saí* (Lc 11,24). *E, chegando, encontra-a vazia, limpa e ornada* (Mt 12,44). *E vai e toma outros sete espíritos piores do que ele; eles entram e habitam aí; e a nova situação deste homem torna-se pior do que a anterior* (Lc 11,26).
>
> Portanto, irmãos todos, guardemo-nos muito para que sob a aparência de alguma recompensa ou de obra ou de ajuda, não percamos ou afastemos do Senhor a nossa mente e o nosso coração.

[...] E preparemos-lhe sempre dentro de nós uma morada (RnB 22,19-25.27[8]).

Talvez não consigamos ver a dimensão pedagógica do combate espiritual na passagem da Escritura à qual Francisco se refere. É o que ele sublinha quando se dirige aos seus irmãos.

• Ele também denuncia o coração vazio e centrado nele mesmo, escravo de suas resistências, e aponta a cegueira do homem diante do amor de Deus e da Luz do mundo.

> Portanto, ó filhos dos homens, *até quando estareis com o coração duro?* (Sl 4,3). Por que não reconheceis a verdade e não *credes no Filho de Deus?* (Jo 9,35) (Ad 1,14-15).

Confrontados com a responsabilidade de nossa resposta, com nossa recusa à verdade e com a profundidade de nosso mal-estar e nossa escravidão, somos convidados a reconhecer a nossa lentidão e, assim, aliviar o nosso peso. Não imaginemos que Francisco nega sua humanidade e suas necessidades humanas. Ele as aceita, sabe expressá-las, bem como acolher o sustento humano de que necessita. Esse homem está longe de ser desencarnado.

Ele insiste num indispensável "guarda-costas", pois, por sua liberdade, o homem pode alimentar suas conveniências e abrir as portas aos sete demônios. Todos sabemos que às vezes é tentador aderir ao mal e às suas sugestões, e que temos a possibilidade de nos prejudicar ou de nos destruir em razão do mal recebido. Não se trata de minimizar um ato, pois talvez ele seja repreensível e mereça um reajuste ou uma sanção, mas, no espírito do combate espiritual, precisamos oferecer outra resposta libertadora, que nos poupará da autodestruição. Em contrapartida, por nossa liberdade, é possível fazer de um acontecimento uma ocasião de crescimento espiritual. De fato, a verdadeira liberdade é provada e experimentada no mun-

---

8 Mc 4,2-9; Lc 8,5-8; Mt 13,4-8: a Parábola da Semente.

do, através das múltiplas atividades e confrontos, como o mostra claramente a figura do irmão Francisco.

Devir pessoal e responsabilidade

"Por quê"? "Com vista a quê"? Do constante combate espiritual depende nosso devir pessoal. E, em grande medida, esse combate está relacionado à nossa disposição interior, que por sua vez requer responsabilidade. Isso exige uma particular atenção ao nosso estado de espírito. E assim, a visão de nossa verdade interior se impõe e se torna imprescindível. Já não se trata mais de enganações ou de encobrir a nossa realidade, mas de nomeá-la, de perder o medo e entrar num movimento de mudança purificador.

Por suas respostas Francisco de Assis sempre evidenciou esse processo de vida. O homem, no entanto, pode alimentar um processo de morte e continuamente perguntar pelos porquês. Interrogando-nos ininterruptamente sobre o porquê da vida, de Deus, da justiça ou da verdade, sobre o porquê disto ou daquilo, podemos acabar nos esquecendo do "porquê" e do "com vista a quê" vivemos.

Se relermos o episódio do cego de nascença no Evangelho de João, damo-nos conta de que Jesus não coloca o acento no "por que" ligado às causas existenciais, mas no "com vista a quê"?, e dessa forma nos ajuda a não confundir mais a causa e nosso devir.

> Jesus estava passando e viu um homem que era cego de nascença. Os discípulos perguntaram-lhe: "Mestre, quem foi que pecou, ele ou seus pais, para ele nascer cego?" Jesus respondeu: "Ninguém pecou, nem ele nem seus pais, mas é para que as obras de Deus se manifestem nele" (Jo 9,1-3).

A espiritualidade do combate, seja qual for o aspecto como é descrito, coloca o cristão em confronto com essas forças adversas e visa a responder à ideia paulina da morte do "velho homem" em vista do nascimento do "homem novo". Para esse fim, Francisco se deixa ensinar, moldar e guiar numa caminhada de purificação do coração.

Não é somente Deus que o molda, mas seus irmãos e todos os outros, todos os que encontra pelo caminho.

Em seu desejo imenso de viver nas pegadas do Cristo, ele encontra a força para enfrentar seu ponto mais fraco; isto é, tornar-se totalmente outro diante de Deus. "Por quem?", "com vista a quê?": por amor e para glória de Deus e para a salvação do mundo. Dessa forma Francisco entende o quanto cada homem é participante da salvação do mundo. Cada criatura humana pode explorar essa potencialidade e essa grandeza, desde que entenda seu batismo como uma missão.

Foi em razão de Francisco ter entrado total e humildemente na exigência desse trabalho pessoal, de ter sabido ouvir, ver e aceitar o olhar de Deus e de seus irmãos sobre ele, foi graças à sua acolhida da Palavra e à sua cooperação com a graça, deixando-se animar por um pensamento ativo, que ele pôde rezar, pregar e testemunhar com a própria vida o agir que emergia de seu próprio coração.

A Palavra de Deus é para ele um dom de defesa, uma arma para desarmar. Ela o acompanha nas conversações e serve para firmar um acordo; por exemplo, no litígio que opõe o bispo de Assis e o *podestà* da mesma cidade[9]. Ela o acompanha também em suas ações contra tudo aquilo que pode lesar a dignidade humana, serve para estabelecer uma paz aviltada, para fortalecer o espírito de fraternidade. Ao desfazer-se de todas as armas humanas Francisco avança desarmado e estabelece em seu entorno a garantia de que a busca da paz é sua prioridade primeira. Sua preocupação é ministrar a Palavra e fazer brilhar a imagem do Deus que ela contém. Para ele, tudo se torna exigência apostólica, desejo louco de salvação de todos, homens e mulheres do mundo inteiro[10]. Suas opções e tomadas de posição nos colocam diante do esforço que devemos fazer para

---

9 LP 44/CA 84.

10 Cf. RnB 23,7-11: o manifesto de São Francisco.

entrar nessa consciência espiritual, sob pena de passar ao largo do sentido de nossa existência.

A vida do homem nem sempre tem um sentido ou uma direção segura. A vida cristã é uma peregrinação na terra em direção ao céu na qual buscamos conformar nossos passos com os passos de Jesus Cristo. Cabe-nos ouvir a mensagem que Jesus nos transmitiu através dos acontecimentos que ele viveu na terra. Será que o ouvimos suficientemente para que ele transforme nossa vida e a faça brilhar com um amor que leve ao amadurecimento?

Obviamente, nosso caminho nem sempre é fácil e nem sempre temos a força suficiente ou a perseverança necessária para avançar. Existem dias em que nos deparamos com grandes provações, dias em que o cansaço e a dúvida nos vencem. Ou dias em que nossa vida espiritual seca, ou desaparece em meio às preocupações, ou simplesmente a esquecemos. É bom lembrar que a vida do cristão é fazer a experiência da condição humana que o próprio Jesus viveu em plenitude, cientes de que Ele está sempre ao nosso lado para nos dar apoio e nos fazer avançar. Mas também é necessário aceitar revisar diferentemente nossa vida à luz da Esperança que Ele semeou em nós!

Peçamos ao Senhor que nos torne fortes como os cedros do Líbano, tão frequentemente citados nas Escrituras, cobertos de espaços puros muito acima de nossas mediocridades e firmemente plantados na terra a fim de podermos construir com solidez um mundo mais fraterno.

A fraternidade, uma força de vida

O emprego sempre mais frequente do termo "fraternidade", tanto nas mídias quanto na política ou em outros domínios, é um fato incontestado. Cada domínio, no entanto, o emprega segundo os seus próprios interesses ou finalidades. Desta forma, assim como a palavra "amor", o conceito de fraternidade se torna desgastado e até mesmo banalizado. Mas aos poucos ele também vai se impondo de uma forma diferente nas mentes e nas conversações.

O termo "fraternidade" não surgiu em nossa sociedade totalmente por acaso. Todos compreendemos sua emergência não somente em nosso entorno direto, mas também em escala mundial. Diante das consequências deste mundo globalizado ela se impõe com força como uma necessidade vital. O mundo não será salvo sem a fraternidade.

É assim tão fácil confraternizar?

Com as pessoas que aderem à nossa maneira de ser e à nossa forma de pensar, certamente sim. Mas, e com os que são diferentes ou nos incomodam, ou com nossos inimigos? Seria tão fácil assim manter vivo o espírito de fraternidade no seio de uma comunidade, de uma família ou de um grupo de trabalho? O teste do tempo é temeroso, dado que as diferenças, as divisões e as ciumeiras aos poucos vão emergindo. E seria assim tão fácil confraternizar-se com a natureza e pôr fim aos abusos que a humanidade lhe inflige? Seria possível pensar numa fraternidade universal? Teríamos de fato o desejo de amar fraternalmente e verdadeiramente apesar de todas as exigências de fidelidade e respeito, de liberdade e solidariedade e tantas outras virtudes que isso implica? Acreditamos na possibilidade de amar o nosso próximo como Jesus Cristo nos pede, ou seja, de amar ao próximo como a si mesmo?

Desenvolver o espírito de fraternidade, confraternizar-se livremente e alegremente não é fácil. Mas não é impossível, e podemos chegar lá! A experiência de alguns anos de animação de reuniões e retiros junto às comunidades religiosas e leigos em geral, bem como o acompanhamento espiritual individual nos permitiram abordar os conflitos, os sofrimentos e as patologias ocasionados pela deterioração e pelo empobrecimento das relações humanas. Mas igualmente, e felizmente, nos permitiram constatar os benefícios do trabalho espiritual a partir da abordagem lúcida da realidade de nosso mundo, de nossa vida relacional e de nossa própria experiência.

A fraternidade é uma realidade sempre em construção, em todos os níveis. Isto pressupõe uma tomada de consciência responsável e pessoal, um ato espiritual de amor que não pode conduzir a uma verdadeira conversão sem um esforço diário.

São Francisco nos convida à atitude audaciosa de inventar gestos novos de fraternidade. É por isso que sua luta pela fraternidade, tanto no interior de seu movimento quanto em seu mundo circunstante, sempre se refere a Deus e se realiza com o poder misericordioso do Senhor. Sua força de combate está em Deus e procede de Deus. Por sua teologia profundamente espiritual, que se distingue de uma teologia sistemática ou acadêmica, ele se esforça para compreender a relação pessoal entre o homem e Deus a partir da experiência concreta que une a alma ao seu princípio. Ele observa o que se passa na alma e o que se manifesta no interior do ser. E se deixa ensinar pelo Espírito Santo.

Sua caminhada e seu ensinamento nunca estão afastados da vida ordinária. Quando interage com seus irmãos, ele se dirige simplesmente a homens de condições diferentes, mas cada qual com suas tensões e suas lutas individuais. Os irmãos trocam intercâmbios, se encontram e se esforçam para manter abertos os vínculos comunicacionais. É através desses intercâmbios fraternos que os problemas geralmente são minimizados. Francisco discerne, encoraja e pondera:

> E ninguém se denomine prior, mas todos, sem exceção, sejam chamados de irmãos menores. *E um lave os pés do outro* (cf. Jo 13,14) (RnB 6,3-4).

Os próprios confrades se veem obrigados a lutar contra a corrupção do poder que se infiltra no movimento pela necessidade de organizar a existência.

É em tudo isso que o combate de Francisco e de seus companheiros nos interessa, visto que ele se junta a cada homem, a cada mulher e a cada adolescente em seu cotidiano, em suas provações ou em suas ambições e nos obstáculos encontrados pelo caminho. Ele se junta a nós em nossas dificuldades de amar com um amor fraterno e gratuito que simplesmente se nos impõe a partir da graça de Deus.

Esta obra não tem absolutamente por objetivo edificar o leitor sobre o movimento franciscano, aspecto já realizado em outras incontáveis obras, mas visa a sensibilizá-lo na luta em favor da fraternidade, tão indispensável no mundo de hoje. O leitor, portanto, a partir do testemunho de vida desses homens-irmãos, será estimulado a fazer um esforço pessoal de compreensão de sua história e de sua vida relacional, buscando compreender principalmente o sentido que lhes atribui.

Nosso irmão Francisco se dirige a pequenos e grandes. Não exclui ninguém. Ele convida a todos e a todas a reconhecer que nossa preocupação primeira deve ser a de mudar de vida e a de entrar em uma nova relação com os outros e com as coisas criadas. E faz um apelo ao mundo todo a que celebre a paz empunhando por arma principal essa força de combate que se chama "fraternidade". Só assim, como ele e seus irmãos, poderemos dar graças e cantar os louvores de nosso Criador com alegria em meio a este mundo que pelo próprio Deus nos foi dado.

II

A pedagogia divina no centro do combate

Uma experiência decisiva

O fogo do inferno ou a chama do coração

Retomemos de Tomás de Celano[11] a passagem em que ele comenta uma das primeiras experiências de combate espiritual de São Francisco: sua oração na gruta. Ao fogo do inferno é contraposta aqui a chama vitoriosa do coração. Essa experiência nos toca de uma forma extraordinária, tanto humanamente quanto espiritualmente. Particularmente comovente, ela nos injeta uma enorme dose de coragem, pois, a partir da experiência desse jovem de Assis, de sua humanidade, de suas dificuldades e de suas respostas percebemos que tudo é possível se estamos com Deus.

Cristo nos estende diariamente a mão para tirar-nos de nosso confinamento. É dessa maneira que os homens e as mulheres que somos podem avançar, viver o Evangelho nas pegadas de Cristo, viver de Cristo e dar sentido à própria vida.

> Havia uma gruta perto da cidade, à qual indo frequentemente, falavam um com o outro sobre o tesouro. Entrava o homem de Deus – ele já era santo pelo santo propósito – naquela gruta, ficando o companheiro a esperá-lo do lado

---

11 Irmão menor e primeiro biógrafo de São Francisco de Assis.

de fora, e, imbuído de novo e singular espírito, rezava a seu *Pai no segredo* (cf. Mt 6,6). Desejava que ninguém soubesse o que fazia lá dentro e, ocultando sabiamente para o bem o que é melhor, consultava somente a Deus em seu santo propósito. Rezava devotamente para que o Deus eterno e verdadeiro dirigisse seu caminho e o *ensinasse a cumprir sua vontade* (cf. Sl 142,10). Suportava grandíssimo padecimento de espírito e, enquanto não realizasse o que concebera no coração, não podia descansar; alternavam-se [nele] pensamentos vários, e a importunação deles perturbava-o duramente. Abrasava-se interiormente pelo fogo divino e não conseguia ocultar exteriormente o ardor concebido da mente; penitenciava-se por ter pecado tão gravemente e por ter ofendido *os olhos da majestade* (cf. Is 3,8), e já não o deleitavam os males passados ou presentes; mas ainda não recebera plenamente a certeza de abster-se dos futuros. Por esta razão, quando voltava para fora, para junto do companheiro, estava tão consumido pela fadiga que ao entrar perecia um e ao sair outro (1Cel 6,6-12).

• Francisco luta contra suas hesitações interiores

Trata-se dessas pequenas vozes que nos impedem de agir, esses "para que serve?", ou essas resistências tão temíveis que revelam nossos medos profundos. Como todos nós, ele é marcado por sua história, pelos acontecimentos de sua vida e, obviamente, por sua infância.

• Ele luta também contra os obstáculos exteriores

A família, os amigos, a posição social, as solicitações que nos medem com os outros, que nos alienam e acabam paralisando nossa interioridade. Ou seja: tudo o que facilita em nós a intromissão das paixões.

• Ele vive a confusão de um homem cujos projetos e pensamentos são duramente provados, onde tudo desmorona

Ao invés de agarrar-se aos próprios pensamentos e às próprias justificações, Francisco acolhe o mistério que se relaciona com esta experiência. Sua profunda sensibilidade o faz intuir a pedagogia divina em curso. Ele sabe esperar, calar-se, escutar com o coração e deixar-se instruir para poder entrar na dinâmica da mudança.

• Francisco se vê confrontado com uma longa luta de opção de vida que envolve seu ser por inteiro

Situação, de alguma maneira, corriqueira, que muitos dentre nós já viveu, seja em termos do chamado à vida religiosa, de uma decisão a ser tomada na vida conjugal, ou ainda de alguma opção familiar ou profissional etc. O chamado, o desejo, a convicção profunda e inclusive a determinação frequentemente se chocam com nossos apegos ou com outros obstáculos. Atacados em diversos planos interiores e exteriores, perdemos o sossego, sentimos as forças nos abandonarem ou resistimos. A luta geralmente se situa, portanto, no nível de nossas indecisões. Tudo isso faz parte da regra humana que precisamos purificar. A experiência da gruta evidencia todo este processo. Para viver é preciso, portanto, dar este passo.

• Ele saboreia a solidão de intercessão

Ele encontra a dúvida no coração do desejo. Desejo que não pode subtrair-se à exigência do caminho de purificação de todo o seu ser sob o olhar do Senhor. Caminho de lágrimas e sofrimentos terrivelmente inquietante, mas combate pela liberdade.

• Na verdade ele combate para manter Jesus Cristo no centro de sua alma

Sua desolação nos mostra que, apesar de nossa fé, apesar de nosso desejo e o poder do chamado, não é tão evidente manter Jesus no centro de nossa alma. Nem sempre é Jesus que está lá, no centro de nosso pensamento, de nossa vida ou de nossos atos. Apesar de nossa sinceridade, precisamos considerar a parte tenebrosa que nos habita para acessar à luz que nos atrai.

Para acolher este tesouro é preciso arriscar tudo

Ora, quando se trata de partir para a ação, as coisas se complicam. O medo de perder nossa liberdade, nossa autonomia e todo o resto toma conta. Não tendo ainda experimentado plenamente a confiança em nosso Senhor, não nos damos conta que o que está em jogo é o caminho do céu. Essa passagem do sentimento humano extremamente desestabilizador que consiste em aceitar o imprevisto de Deus é, portanto, o salto rumo ao incógnito de Deus. Francisco passou por essa fase. Para ele, uma palavra amorosa bastou: *Sim*! Ele a pronuncia, e imediatamente aprenderá, na confiança da fé, a pronunciá-la novamente e a atualizá-la a cada instante de sua vida.

Não existe vida sem combate

Não existe participação na vida divina sem combate. Isto não significa que ela seja obtida através de nossos esforços ou pelo simples poder de nossos braços e de nossa mente, já que a vida divina não é uma conquista. Oferecida e recebida gratuitamente, a vida com Deus nos engaja num crescimento espiritual constante.

Se essa luta nunca é definitivamente vencida, então podemos nos perguntar: "A que ela serve então"? Ela nos aporta maravilhas que vão se transformando em respostas de vida permanentes. Com elas aprendemos a nos congratular e a dar graças quando o Senhor aponta nossos limites, nossos medos ou erros, sabendo que o faz com misericórdia para permitir que levemos adiante nossa caminhada. São então os nossos agradecimentos que nos salvam e nos dão a força para aceitar a nossa parte de responsabilidade e de trabalho a ser feito. Caminhada espiritual incessante, mas prazerosa, visto que ela é realizada livremente e sob o olhar benevolente e amável de Deus.

Por qual razão, então, fazer do combate espiritual uma *questão de ego*? Acreditar em nossas próprias forças ou ceder às pressões exteriores cria em nós uma enorme tensão e nos impede de saborear a alegria e a paz de Cristo. A crucificação do *ego* não pode produzir frutos, mas também não esperemos permanecer firmes sem invocar a ajuda de Cristo, pois, sob o peso das tensões, desmoronamos. Francisco se abandona ao espírito novo e singular que o anima, lhe estende a mão, grita a sua dor, deixa romper nele a oração do coração. Desejando que Deus combata suas insuficiências, o jovem de Assis se deixa queimar pelo fogo divino purificador.

Este "tesouro inestimável" que nos é dado – a vida com Deus – é nossa vocação, o sentido de nossa vida na terra

Não obstante as dificuldades ou os obstáculos do mundo circunstante, esta vida precisa ser protegida, defendida e comunicada aos outros. E tudo isso apesar do espírito do mundo que – sejamos honestos, não nos é estranho – respiramos e que encontra em nós cumplicidades, e que pode inclusive nos seduzir.

Estas palavras incomodam, mas não podemos escondê-las, visto que se trapaceamos, trapaceamos com Deus. O que nos pedem é que sejamos verdadeiros.

Este combate é o combate de Jesus. Inaugurado no deserto ao rejeitar as tentações do prazer, do ter e do poder, ele o carregou consigo ao longo de toda a sua vida pública. Francisco hauriu sua audácia e sua ousadia no exemplo de Jesus. Homem sempre *a caminho*, combatente por amor, Francisco se faz testemunha até ao último suspiro de suas próprias *ressurreições* sucessivas. Se compreendermos essa dinâmica, acolheremos o "tesouro" e nos tornamos assim testemunhas da graça operante.

Francisco de Assis, "visionário" de Deus

Fazer do combate espiritual um ato de amor

Toda a existência do irmão Francisco reflete este ato de amor. Para conseguir unir seus contrários – combate e amor – ele faz de sua vida uma grande entrega[12]. Ele se abre à pedagogia divina, aprende a recorrer a Deus, a ouvi-lo, a reconhecê-lo *na e pela* provação, e assim dá sentido aos acontecimentos. Ele aprendeu a deixar-se amar, a amar-se e a amar de verdade. Dessa forma aprendeu a amar a Deus.

> Quem ama a Deus ama a si mesmo. Quem sabe amar a si mesmo ama também os outros (Antônio, o Grande).
>
> A medida de amar a Deus é a de amá-lo sem medida (Bem--aventurada Irmã Maria da Paixão[13]).

Francisco percebeu o quanto a aceitação de si mesmo em sua totalidade era essencial para poder amar o outro como ele é. Ele lutou constantemente, dando prova de vigilância e autoridade sobre as fraquezas que o assaltavam, buscando restaurar a relação consigo mesmo, com o outro e com o Totalmente Outro. Por esse trabalho de humildade em face de sua própria miséria o pobre de Assis conseguiu tornar-se totalmente-próximo de todos, justamente pelo fato de ter descoberto que seu próximo era parte de si mesmo.

Francisco ousa abandonar seu fardo para erguer-se e entrar na alegria do caminho pelo o qual o Senhor o conduz

Apesar de seu desejo de Deus, nem sempre Francisco encontra a força necessária ao combate. Às vezes atormentado pelo desencorajamento causado por seus erros e atos passados, o pobre de Assis se entrega e confia totalmente em Cristo, pois sabe que, sem Ele, nada pode. Por essa entrega humilde e confiante, uma conversa e uma relação sempre mais íntimas entre Francisco e o Senhor tomam forma. Por conseguinte, mesmo que a Luz sempre deixe emergir a visão de sua miséria, o medo que o atormenta se afasta.

Certamente cada um de nós já experimentou esse estado de alma ligado a uma paralisia interior. O percurso espiritual de Francisco

---

12 Cf. nossa obra *La déposition* – Parcours spirituel à l'école de saint François d'Assise. Bruyères-le-Chântal: Nouvelle Cité, 2009.

13 Fundadora das Franciscanas Missionárias de Maria.

nos mostra que esse estado não deve ser acobertado. Manifestá-lo a nós mesmos diante Daquele que tudo compreende é uma verdadeira libertação e uma descoberta da Misericórdia de Deus e de seu apoio infalível. A força vem de Deus.

Francisco se deixa redimir e se redime. Ele aprende a reconhecer-se e a amar-se em sua realidade espiritual enquanto pessoa amada por Deus. Por conseguinte, se o homem se ama naquilo que fundamentalmente é, pode amar o seu próximo espiritualmente enquanto irmão igualmente criado à imagem de Deus e chamado a assemelhar-se a Ele, sem que esse amor seja manchado por movimentos passionais. O espírito de fraternidade vai habitando sempre mais fortemente em São Francisco de Assis. É por isso que, não obstante tudo, ele decide amar e faz do Cristo seu Mestre de vida.

Homens e mulheres "em devir": saibamos ir ao encontro daquilo que constitui a riqueza de nosso ser

Quem procura, acha! Nem sempre sabemos explorar ou descobrir os dons que o Senhor depositou em nós. Muitos vínculos nos deixam de mãos atadas. Sedentos, feridos ou cansados de medir-nos com os outros, nem sempre ousamos vislumbrar esses dons ou acolhê-los. Como, então, ajudar nossos irmãos e irmãs a descobri-los neles mesmos e fazê-los frutificar? Às vezes indevidamente guardamos nos recônditos de nossas almas a generosidade divina desses dons. Francisco se sabe rico de dons recebidos. Ele não recua diante da responsabilidade de fazê-los frutificar e de associá-los à uma graça recebida do Senhor.

Muitas pessoas se imaginam destituídas de dons. É uma forma de desconhecer a gratuidade divina e de subestimar a grandeza que Deus concebe às suas criaturas. Esse exercício de descoberta pode revelar-se uma verdadeira ressurreição para muitos de nós, assim como o foi para Francisco e para muitos de seus companheiros de caminhada. Cada pessoa, segundo sua disponibilidade de meios, pode propagar seus próprios dons, dispensando assim o máximo de bem possível às pessoas que a cercam.

Fazer do combate espiritual uma obra de paz

Combater na gratuidade de coração e de espírito

O *Testamento* de Santa Clara de Assis, marcado pela onipresença de Francisco e por sua forma de vida, nos ilumina sobre esse ponto extremamente exigente do combate espiritual[14]. Ela solicita que suas irmãs se amem na caridade de Cristo, se espelhem nele, superem as dificuldades e sombras terrenas, e já se sintam entre si como esposas, mães e irmãs de Cristo.

A paz de que nos fala Francisco é um dom que Deus nos dá quando aceitamos nos colocar verdadeiramente debaixo da proteção de seu olhar. Francisco e Clara compreenderam a necessidade do olhar e da importância que ele tem na reconciliação e na paz: reconciliação e paz misericordiosas que Deus oferece ao homem e reconciliação dos homens entre si em favor da paz.

Nós acreditamos conhecer o outro a partir daquilo que vemos ou pretendemos ver externamente, sem desconfiar que frequentemente somos levados por nossas próprias projeções, sentimentos ou paixões. Geralmente rotulamos ou classificamos uma pessoa segundo certas categorias pré-determinadas, caindo assim numa forma de julgamento que impede o encontro e a verdadeira paz.

É vital entreolhar-se para ir além da parte visível da humanidade que reside em cada um de nós, para descobrir o que existe de mais profundo no outro, ao que às vezes desconhecemos ou não sabemos dizer, como a angústia, a incompreensão ou o arrependimento. Por esse alargamento do olhar acessamos o centro mais íntimo

---

14 DALARUN, J. (org.). *Claire d'Assise*: écrits, vies, documents. Paris: Du Cerf/ Franciscaines, 2013. Cf. TEIXEIRA, C.M. (org.). *Fontes franciscanas e clarianas*. Op. cit. Segunda parte: Fontes relativas a Santa Clara.

da pessoa, o lugar onde reside o amor. Entreolhar-se em Cristo nos conduz ao movimento de gratuidade de coração e de espírito que nos revela o que toda criatura humana é, originalmente: imagem de Deus. Através desse preciso sentido, mergulhamos na fonte do ser e aprendemos a amar em Cristo.

É o olhar de Jesus, carregado da imagem do Pai, ao voltar-se para aquele que acaba de negá-lo pela terceira vez, que desencadeia os temores e o arrependimento de Pedro. Foi quando Pedro encontrou o olhar de Jesus cheio de amor que ele tomou consciência de seu ato e de seus limites. Se ousamos olhar o outro com amor, o que nos demanda uma certa dose de esforços, abriremos então a porta para a verdadeira fraternidade, para a verdadeira fraternidade de Cristo.

Francisco e Clara de Assis souberam respeitar neles mesmos e em cada um de seus irmãos e irmãs a infinita dignidade da pessoa humana e seu convite à santidade.

Que tipo de paz buscamos?

Desejamos realmente "ter paz"? Queremos realmente "estar em paz"? Enquanto concebermos a paz acima de tudo como um bem-estar, uma felicidade terrestre ou fruto da justiça, certamente nos desapontaremos. Querer a paz a qualquer preço na cotidianidade da vida às vezes pode nos levar a atitudes ilusórias, tais como: apostar que, com o tempo, tudo se resolverá; contar com a mudança do outro; calar-se e submeter-se... A paz, a este preço, só pode ser incompleta e provisória e, em todo caso, sempre insatisfatória. Sempre existirá algo a nos consumir. A paz é fruto de uma construção, de um cultivo; ela é conquistada no combate espiritual.

Francisco e Clara faziam parte do movimento dos que acreditavam na vida eterna, e logo se deram conta dos riscos e dos limites que a felicidade terrestre poderia comportar. E assim intuíram o essencial: a paz, para eles, foi se impondo progressivamente como um bem sempre mais espiritual, como um estado interior que consiste estar como o coração tranquilo mesmo em meio às tormentas cotidianas. E aprenderam a trabalhar essa "tranquilidade" em Cristo.

Não basta ter paz para estar em paz! Tampouco refugiar-se num local sem barulho. O silêncio exterior é insuficiente para apaziguar os ruídos interiores; ele pode inclusive amplificá-los e torná-los insuportáveis. A paz consiste numa luta, num esforço pacífico e permanente. Trata-se de um esforço a ser realizado na humildade e sem deixar-se levar pelas ambições pessoais – mesmo que espirituais – ou pela elevação demasiada das expectativas de um ideal. É impossível combater em todas as frentes.

Antes que fazer uso de nossa vontade própria e passar ao largo da graça, coloquemo-nos na escuta de Deus que aponta para aquilo que somos capazes de ver e de entender, e que está ao nosso alcance. Assim, conseguiremos medir a importância da pedagogia divina, e igualmente compreender que devemos avançar ao ritmo do Senhor.

Irmão Francisco aprendeu a não lhe resistir, a deixar-se ensinar e a viver com os pés bem plantados no chão. Ele medita em seu coração, trabalha sobre aquilo que lhe é mostrado, lá onde está e onde chegou. Caminho de paciência e, repitamo-lo, de humildade, a paz se constrói com pequenos passos na totalidade da pessoa: corpo, alma e mente.

Seu exemplo nos recoloca continuamente na confiança na misericórdia de Deus e nos leva a dar nome àquilo que pode fazer obstáculo à nossa busca de paz. Cristo recebe nossas dificuldades, nossas incapacidades ou nosso sofrimento. Ele nos ajuda e nos dá a força necessária. Cabe-nos simplesmente acolher a graça do desejo: desejo de conversão do coração, sabendo que Deus é sensível à nossa verdade interior; desejo de acolher a ternura de Cristo a fim de abrir-nos à bondade e à paciência, à compreensão e à solicitude.

Francisco sempre foi particularmente sensível à ternura visto que esta virtude se opõe à dureza e à aridez do coração. Ele une, permite uma inversão de valores e nos ajuda a discernir o que é importante em nossas relações com o outro.

Que conselho Deus nos dá a este respeito?

> Se ao menos tivesses prestado atenção aos meus mandamentos, teu bem-estar teria sido como um rio e tua felicidade como as vagas do mar! (Is 48,18).

Nenhuma censura nestas palavras, mas, antes, o grito de amor de Deus que deseja a felicidade de sua criatura e que, por isso, a convida a prestar atenção aos seus mandamentos. Encontrar Cristo, o Filho do Deus Vivo, no mundo ao qual pertencemos ou na solidão que procuramos, pouco importa, pois Ele é presença e caminho. O importante é estar e viver lá onde o Senhor nos quer. O "sim" que lhe damos faz florescer o dom da graça.

Utopia, riscos e consequências

Quando o homem se sabe pobre e o espírito de infância o anima, ou seja, quando vive da via da perfeição descoberta no Evangelho e se maravilha diante da beleza de Deus e acolhe com alegria e humildade sua dependência, ele permite que a força divina se revele. É então, e sem revolta, e numa docilidade confiante, que o homem se volta para Deus para louvá-lo e render-lhe graça. Assim, a liberdade e a graça podem fazer sua morada nele. Uma reciprocidade de olhar se realiza no centro desse deslumbramento e dessa admiração. Seria uma utopia?

Seria utopia acreditar na pedagogia divina?

Seria utopia deixar-se guiar pelo Senhor e escolher abandonar-se nele? Na experiência de Francisco, é importante perceber bem sua passagem ao ato de entrega; isto é, ao verdadeiro abandono de sua vida e de si mesmo ao Senhor. Não é uma utopia acreditar na pedagogia divina, tampouco deixar-se guiar pelo Senhor e abandonar-se nele.

De fato, chega o momento em que Francisco deposita a totalidade de seu ser, corpo, alma e mente nas mãos do Senhor. Ele não se apoia mais em sua vontade própria nem somente em suas forças humanas, mas em Cristo. Cristo se torna o único Mestre. Colocando-se nas mãos de Deus, adota uma atitude evangélica, fruto de uma livre adesão e de uma livre cooperação com o Espírito Santo, com a graça.

> Vinde a mim vós todos, que estais cansados e sobrecarregados, e eu vos darei descanso. Tomai sobre vós o meu jugo e aprendei de mim, que sou manso e humilde de coração, e *achareis descanso para vossas almas*. Pois meu jugo é suave e meu peso é leve (Mt 11,28-30).

Diante da vontade própria e todos os seus perigos, a chave da resposta de Francisco se encontra na ação para sair de suas ambições a fim de entrar num vasto esforço de regeneração. Ele se despe diante de Deus, se mostra da forma que é e espera tudo de seu Senhor. Ele se deixa lavar os pés. A superação deste passo inaugura o início de seu caminho de santidade. Seus atos de entrega o levam agora muito mais longe: o conduzem para a verdadeira e plena realização de si mesmo, pois entregar-se é um ato pessoal, único e íntimo, realizado na dinâmica do Espírito Santo. A entrega vincula e compromete com o Senhor, visto que é uma palavra dada no face a face de um olhar. Ela insere assim nos caminhos do Ilimitado[15].

Assumir o risco da cruz

Jesus, diante de nós, se faz testemunha do amor do Pai e nos mostra como o encontra. Jesus, diante do Pai, se faz testemunha da humanidade a caminho e lhe apresenta o desejo que habita no ser humano. Cabe-nos ser testemunhas do Espírito que age em nós.

> No dom de si mesmo na cruz, Jesus entrega, por assim dizer, todo o pecado do mundo ao amor de Deus e o funde nele. Aproximar-se da cruz, entrar em comunhão com Cristo, significa entrar no espaço da transformação da expiação[16]. Ninguém tira a minha vida, eu a entrego por mim mesmo[17].

---

15 Cf. *La déposition* – Parcours spirituel à l'école de saint François d'Assise. Op. cit.

16 RATZINGER, J. [BENTO XVI]. *Jésus de Nazaréth* – De l'entrée à Jérusalem à la Résurrection. Paris: Du Rocher, 2011, p. 57.

17 Ibid., p. 155. Cf. Jo 10,18.

Bento XVI exprime com imensa delicadeza todo o caminho que percorremos. Entregar-se é aproximar-se ao máximo de Cristo, inclusive, se necessário, pela crucificação. Nosso mundo está repleto de cruzes; nossas vidas também!

A força do amor

Sob a moção da graça, o homem se estrutura interiormente, mas ele precisa de tempo para entrar em sua verdadeira dimensão de amor. A graça nos estende a mão, ela está sempre presente, mas cabe a nós acolhê-la ou abrir espaços para que ela possa agir. É assim que o mistério de Cristo pouco a pouco se abre e nos torna capazes de seguir seus passos. Não tenhamos a ilusão de que podemos chegar lá apenas com nossos próprios esforços, nossos desejos e nossas vontades. Não caiamos nas ciladas do ego espiritual que não produz frutos. Esse combate não pode chegar a bom termo sem a presença de Cristo em nós, única força verdadeira.

Para o caminhante, é essencial não fazer confusão entre o "deixar que as coisas aconteçam" e a "entrega". O sentido aproximativo das duas expressões geralmente indica que a passagem de um sentido para o outro nem sempre é bem-sucedida. A primeira expressão pode marcar uma etapa importante na tomada de consciência e ela não é, portanto, inútil, mas, neste caso, nós nos apoiamos principalmente em nossas próprias forças. Ora, pela entrega nos situamos voluntariamente sob o olhar de Cristo numa atitude de confiança total. Nós o encontramos e deixamos que ele nos encontre sem medo de nos abandonarmos à sua vontade, mesmo quando ela contraria a nossa. Nosso futuro se decide neste nível, visto que não é mais unicamente por nós mesmos que agimos, mas com Cristo e por ele. A relação de forças não é mais a mesma. Sua força torna-se a nossa força. E toda a nossa vida é assim transformada.

Nem sempre refletimos suficientemente sobre este tema. Geralmente nos acreditamos fortes, pensamos que a força que nos habita vem de nós mesmos, e inclusive que ela nos pertence e que podemos dominá-la. Entretanto, se um dia ela nos faltar, o que faremos então? A vida se encarrega de nos ensinar a este respeito, a doença e velhice mais ainda.

Podemos relembrar o ato de entrega que o jovem Francisco fez diante do bispo Guido. No momento em que os fatos são contra ele e que um drama humano está em vias de acontecer entre ele e seu pai, Francisco se *despoja*[18] de tudo aquilo que, aos olhos do mundo, pode constituir sua força. Por conseguinte, como qualquer comerciante avisado, ele aprendeu a dominar as regras do mercado. Além disso, à semelhança dos nobres, ele sabe perfeitamente empunhar a espada a cavalo. Todo o conjunto arquitetural cultural que lhe pertence lhe garante uma certa posição social e estrutura sua vida. Mas é por força do Senhor que Francisco realiza seu ato de despojamento diante do bispo, significando que ele se engaja nas sendas de Cristo, provando assim seu desejo de entrar em sua verdadeira dimensão de amor.

Naquele momento, este jovem destinado a uma vida fácil e confortável passa da riqueza à pobreza e da *pobreza à riqueza*. Ser-lhe-á necessário, no entanto, fazer a experiência dos excluídos para olhar atentamente as imagens de Jesus Cristo e suas palavras de amor e distinguir assim, na vida concreta, o que é destinado a durar (as coisas celestes) e o que é passageiro (as coisas terrestres).

Mesmo que já tenhamos realizado um trabalho interior, não hesitemos, quando necessário, a voltar aos acontecimentos de nossa vida com mais atenção, sem interpretação e, talvez, com misericórdia. A pedagogia divina aí se revela e nos ensina. Por exemplo: não nos parece pensável que Francisco tenha conseguido esquecer seu

---

18 Este acontecimento foi julgado suficientemente importante para que o lugar no qual ele se realizou fosse reconhecido como *Santuario della Spogliazione, Chiesa di S. Maria Maggiore*. Missa de abertura do Santuário do Despojamento, presidida por Mons. Domenico Sorrentino. Assis, 20 de maio de 2017.

drama familiar, a separação da família e a negação de seu pai, e que não tenha sofrido com isso. Certamente ele deve ter sido "revisitado" várias vezes por sua história. Somente um abandono total à força do amor de Cristo e à sua vontade puderam mantê-lo no caminho que conhecemos e fazer dele um inspirador de sonhos e arrastar atrás de si milhares de homens e mulheres.

Assim, amar é uma dura aprendizagem e um combate que exige uma certa disposição de coração. O amor não tolera nem parcialidade nem divisão. Ele exige pureza e clareza. É por isso que a purificação do coração é tão importante. Ela passa por diversas etapas:

• A purificação de nossas crenças ou idolatrias

Os biógrafos geralmente apresentam Francisco como o herói religioso. Enquanto estava vivo as multidões o chamavam de santo. Ele o é, e isso não pode ser colocado em dúvida, mas não devemos recusar de ver nele o homem. Devemos distanciar-nos de certas crenças geralmente infundadas e que, por força de tanto repeti-las, tornam-se obstáculos em nosso caminho de purificação. Para discernir e lutar contra as verdades recebidas, Francisco apela para "o Espírito do Senhor"[19]. Quanto à idolatria, "é grande a vergonha para nós, servos de Deus, que os santos tenham feito as obras, e nós, proclamando-as, queiramos receber a glória e a honra" (Ad 6,3). Adoramos ter um mundo de coisas: não seria suficiente crer em Deus e adorá-lo?

Prudência quando se fala dos santos: todos receberam Jesus[20].

---

19 Cf. 1RnB 17; Ad 12.

20 MÉNARD, E.H. *Une vie offerte*. Bruyères-le-Châtel: Nouvelle Cité, 2017, n. 84, p. 79 [Textos selecionados e compilados por P. Christian Rodembourg]. Padre Ménard é o fundador dos Missionários dos Santos Apóstolos, sociedade de vida apostólica que, desde 2011, foi agregada à Ordem dos Frades Menores.

• A purificação dos sentimentos humanos.

Francisco ama seus irmãos por aquilo que são, deles não espera nenhum privilégio, não busca nenhuma vantagem. Sua única preocupação é a realização do outro e seu próprio compromisso com eles.

Nós quase sempre estamos no "excesso": nos apropriamos do outro, queremos possuí-lo, conscientemente ou não. Pela apropriação o homem se torna uma "pessoa qualquer", primeiramente diante de Deus e em seguida diante dos outros. Esquece que tudo vem de Deus e deixa de ser servidor. Ora, Francisco e os irmãos eram servidores uns dos outros. Eles mostravam que quem retinha os bens para si, não apoiando seu irmão na necessidade, não os devolvia a Deus e desperdiçava a vida. Não imaginemos que o realizassem tão facilmente e perfeitamente como tantos relatos hagiográficos parecem indicar. Eles assim agiam ao preço de uma luta constante contra o mal instalado no coração. Mas o faziam de fato, e sua prática é exemplar até hoje.

Tomemos o exemplo do acompanhamento espiritual no qual a relação com o outro deve ser perfeitamente transparente. Se o dirigente não dá a resposta que lhe parece justa, por medo da reação do acompanhado ou por medo de perdê-lo, a liberdade é bloqueada de ambas as partes. Ora, acompanhar é amar sem alienar e sem alienar-se. Aqui nos deparamos novamente com a dimensão exigente da devida distância benevolente do outro.

Para o dirigente espiritual, o amor passa pela humilde aceitação desses estágios e pela solidão oriunda do julgamento do outro. Também Francisco conheceu essa solidão diante da incompreensão de seus irmãos. Mas, quantas vezes dizemos que Deus não ouve, através de frases como estas: "Se Deus me amasse, não o permitia"; "Se Deus existisse, responderia"? O "afastar-se" por amor é uma resposta. É preciso saber aguardar. Quando Jesus se retira para a montanha para rezar, talvez tenha ido entregar sua solidão ao Pai!

> No momento da pesada solidão, somente a humildade profunda em nosso socorro, reconhecendo a impotência radi-

cal do humano natural: ela inclina o ser humano a depositar todo o seu ser aos pés da cruz, e então, repentinamente, esse peso arrasador é carregado por Cristo: "Aprendei de mim, que sou manso e humilde de coração... pois meu jugo é suave e meu peso é leve"[21].

• O afastamento como atitude

Para colocar-nos verdadeiramente à escuta do outro, é necessário tomar uma certa distância de nós mesmos. Trata-se de afastar-nos para ampliar e enriquecer nosso olhar sobre o que nos cerca e não confiar apenas em nossa visão das coisas. De fato, só percebemos uma pequena parte daquilo que está diante de nossos olhos. O perigo é fazer dessa parte uma verdade absoluta ou fechar-se nela.

Consideremos o distanciamento de Deus. O Pai diz ao Filho: "Não Eu, Tu". O Pai se afasta e nos envia o Filho. O Filho diz ao Espírito: "Não Eu, Tu". O filho se afasta e nos envia o Espírito. É a nossa vez de dizer: "Não eu, Tu". O Senhor ensina o homem a arte de afastar-se para permitir que se liberte de si mesmo e de tudo. A imagem de Deus depositada no fundo da alma é recebida plenamente. Um vínculo estreito entre Ele e o homem pode então se estabelecer.

> A imagem divina que é impressa na alma, no mais profundo da natureza, é recebida diretamente, e o mais íntimo e o mais nobre na natureza divina é reproduzido verdadeiramente na imagem da alma[22].

Não obstante a obra de Deus no homem, temos muita dificuldade de colocar-nos numa atitude de distanciamento. O distanciamento segundo Deus requer um enorme caminho e necessita de uma tomada de consciência pessoal. Nossa missão é estar atentos para que o outro também *seja* e *se torne*: eu me afasto para que tu apareças, eu abro espaço, mas não te perco de vista.

---

21 EVDOKIMOV, P. *Les Âges de la vie spirituelle*. Paris: DDB, 2009, p. 68. Cf. Mt 11,30.

22 MAÎTRE ECKHART. "Sermon 16b". In: *Les Sermons (1-30)*. Paris: Seuil, 1974, p. 150 [Trad. J. Ancelet-Hustache].

O distanciamento não é um abandono ou uma ausência, e menos ainda um desinteresse pelo outro. Trata-se simultaneamente de distância e de proximidade, de presença autenticamente benévola e amorosa. Presença cujo único desejo é alcançar a gratuidade do amor que se quer infinito. Este amor requer intimidade. O distanciamento é, portanto, um ato em Cristo. Ele passa pela mediação de Cristo na cruz e por sua aceitação. Tocamos aqui o inexprimível de Deus, sua delicadeza e sua ternura, sua grandeza e a gratuidade de seu amor. Deus se retira, mas está sempre presente.

• A purificação dos vínculos carnais ou das nossas inclinações

Não podemos ignorar que somos seres psicológicos e físicos. Diante dessa realidade, devemos dar respostas espirituais, mas sem cair no medo ou na vergonha de nossa humanidade. Francisco distingue claramente o mal e a pessoa (Ad 9; 11). Seus escritos nos mostram até que ponto ele foi tentado (2Cel 115 s.) e o quanto teve que lutar. Sua espiritualidade leva em conta a existência do ser humano em todas as suas dimensões. Para ele, todo homem é valioso, seja qual for a sua história.

É essencial abordar cada pessoa em grande simplicidade, com humanidade e misericórdia para poder dizer-lhe: "Estás viva, tens um corpo, uma alma e um espírito; és um ser psicológico, físico e espiritual; discorreremos sobre a resposta a dar à tentação que te assalta. Coloquemo-nos juntos e em espírito de verdade diante do olhar de Cristo a fim de colocar as coisas em seu devido lugar". Às vezes é necessário desdramatizar uma situação para permitir que o outro realize seu trabalho de purificação.

• A purificação de nossas emoções e de nossas paixões

Não imaginemos o mal onde ele não existe. São Francisco avançou em seu caminho espiritual com todos os seus sentidos. Ele ousou olhar, tocar, experimentar as emoções, a ternura, o calor... Ele nada escondeu, foi sincero e aceitou as prescrições espirituais de Deus. Nosso espírito humano deve libertar-se do peso e das transgressões de seus pensamentos para poder comunicar-se com Cristo. Desta forma não nos afastamos de Cristo. Deixemos que ele purifique nossos sentidos para podermos usá-los com simplicidade, visto que nos foram dados para aproximar-nos de Jesus e do outro.

Francisco e seus companheiros sempre buscaram fazer com que se desenvolvesse neles e nos outros outra percepção da vida. Eles colocavam suas mentes à escuta da grande diversidade humana e da humanidade que habitava cada ser humano. Para fazer com que o movimento franciscano fosse bem-sucedido eles não ignoraram as fraquezas e as necessidades de suas vidas. Os frades são homens e não anjos, por isso devem assumir o humano em suas próprias vidas.

As *Admoestações* testemunham a atenção que Francisco dedicou a esta dimensão. A questão do entendimento fraterno e do consentimento psicológico se fizeram presentes de forma aguda na vida de Francisco, particularmente durante as viagens dos irmãos. As longas viagens às vezes podem pôr um fim à amizade entre amigos. Francisco lutou para que isso não acontecesse. Por exemplo: a carta de Francisco a um dos ministros preocupado em seu ofício mostra suas qualidades como amigo. Em sua Carta a Frei Leão, Francisco se mostra extremamente preocupado com esse velho companheiro de estrada[23]. Entrevemos aqui um homem que ama seu irmão e busca sempre o olhar de Deus em suas respostas. Ele entendeu que se um ser não percebe que é amado, ele não pode cantar. Ora, Francisco e seus irmãos cantam[24]. Para tanto foi preciso que Francisco fosse um verdadeiro animador da fraternidade. Os traços de seu rosto e suas palavras refletiam o amor e a paz:

---

23 Carta a Frei Leão.

24 Como fizeram os irmãos na proclamação de 1221.

Bem-aventurado o servo que não é rápido para se escusar e humildemente suporta vergonha e repreensão por causa de pecado, embora não tenha cometido culpa (Ad 22,3).

Bem-aventurado o servo que tanto ama seu irmão quando [este] está doente e não pode satisfazê-lo, como quando está com saúde e pode satisfazê-lo (Ad 24).

Bem-aventurado o servo que tanto ama e respeita seu irmão quando [este] estiver longe dele como quando estiver com ele; e não disser por trás dele aquilo que, com caridade, não pode dizer diante dele (Ad 25).

A liberdade do homem e a vontade de Deus

A capacidade de aderir livremente à vontade de Deus nos é dada desde as origens. Basta voltar aos inícios da caminhada de Francisco para convencer-se disto, ou meditar sua oração diante do crucifixo de São Damião:

Altíssimo, glorioso Deus, iluminai as trevas do meu coração, dai-me uma fé reta, uma esperança certa e caridade perfeita, sensibilidade de conhecimento, ó Senhor, a fim de que cumpra o vosso santo e veraz mandamento. Amém (OC).

Ele simplesmente pedia o que desde sempre já possuía. Teria ele consciência disto quando pedia ao Senhor que o ajudasse a colocar todos esses dons em movimento? Teríamos, nós, consciência da grandeza desta oração, desta sua consciência, desta sua lucidez e fé ao se confrontar pessoalmente com a obscuridade em suas andanças?

O sentido deste encontro de Francisco é o de fazer-nos tomar consciência que todo homem, por mais banal e tenebroso que possa ser, é imagem de Deus e caminha rumo à semelhança, à transparência, à luz divina, à Transfiguração[25]. Desta forma, Deus situa o homem num patamar de excelência extraordinário.

---

25 Cf. PÈRE PASCAL. In: *La lettre de Béthanie*, n. 145.

> Presta atenção, ó homem, à grande excelência em que te colocou o Senhor Deus, porque te criou e te formou à *imagem* do seu dileto Filho segundo o corpo, e à sua *semelhança* segundo o espírito (cf. Gn 1,26).

Dizer que o homem é criado à imagem de Deus é sublinhar um de seus aspectos constitutivos que foge a qualquer controle cósmico ou determinismo genético. É indicar uma capacidade de transcendência e de liberdade[26].

Enquanto imagem o homem é um ser pessoal situado diante de um Deus pessoal. Deus se dirige a ele como uma pessoa, e o homem Lhe responde. O homem, dizia São Basílio, é uma criatura que recebe a ordem de tornar-se Deus. Mas esta ordem dirigida à liberdade humana não é uma imposição. Ser pessoal, o homem pode aceitar ou rejeitar a vontade de Deus[27].

Francisco fundamenta seu combate na missão de Cristo

O envio dos discípulos

Jesus envia seus discípulos dois a dois (Lc 10,1); Francisco igualmente envia seus irmãos dois a dois (1Cel 29). Esta opção revela um sentido profundamente teológico. Jesus, o Filho, anuncia um Deus de relações, e a construção do homem depende grandemente de seus vínculos relacionais. É a partir do outro que Francisco parte em busca do Totalmente-Outro. Seu amor ao próximo o coloca diante da encarnação. É a partir dela que Francisco aprofunda e experimenta o amor de Deus.

Dois a dois, estrada afora, os confrades não têm outra missão senão a de testemunhar o amor que cultivam entre si. Suas vidas, de alguma maneira, narram a vida do próprio Deus. Eles partem de mãos vazias, sem comida, sem dinheiro, sem reservas. Assim,

---

26 Cf. DAUTAIS, P. *Éros et liberté*. Bruyères-le-Châtel: Nouvelle Cité, 2016, p. 14-15.

27 LOSSKY, V. *Essai sur la théologie mystique de l'Église d'Orient*. Op. cit., p. 119.

desprovidos e livres, não despertam cobiça alguma. A prioridade não é transmitir um ensinamento, mas um testemunho; é doar a própria pessoa e compartilhar a existência acima da subsistência; é aceitar receber tudo do outro antes de dar-lhe alguma coisa. A Senhora Dona Pobreza atesta que Cristo é suficiente.

Um exemplo de vida, uma presença discreta e laboriosa

O movimento franciscano é uma dinâmica. Francisco e seus irmãos se deixaram permear pela ação do espírito do Senhor através de um engajamento de partilha e de paz tornado possível graças ao comportamento fraterno que alimentavam entre si. Antes de isolar-se da vida das pessoas, eles se inseriram numa vasta gama de relações sociais. Foi como homens de partilha que eles marcaram presença na história: abrindo-se aos outros, dando e sabendo receber, decididos a ficar o maximamente possível atentos às necessidades dos outros, independentemente das circunstâncias. Desta maneira construíam a paz. Aos olhos do povo, esta paz disponibilizada por Francisco e seus irmãos representava a própria identidade do movimento franciscano. Era através dela que esses homens-irmãos faziam de suas vidas um testemunho vivo da presença de Deus.

Uma Palavra proclamada, uma manifestação pública

Francisco é o homem que fez ressoar o Evangelho com toda sua força e evidência. Ele e seus companheiros, por suas vidas, buscaram perscrutar a verdade de Jesus Cristo. A humildade e a pobreza que viveram, ou seja, a capacidade de olhar para além de si mesmos e a solidariedade que os identificava com Jesus fizeram deles pessoas livres.

Para Francisco, o combate é simultaneamente uma missão de exigência de superação de si. Isso literalmente o "lançou no mundo", fez com que ele estabelecesse novas relações sociais, descobrisse novos povos, outros costumes, se engajasse em novos ambientes e colocasse Francisco e seus companheiros diante de um grande e contínuo combate. É o que ele vislumbra em sua Regra não Bulada através do envio dos irmãos para junto dos sarracenos. Vale lembrar que é a primeira vez na Igreja que um capítulo especial relativo à missão é inserido numa regra religiosa.

> Os irmãos que vão, no entanto, podem de dois modos conviver espiritualmente entre eles. Um modo é que não litiguem nem porfiem, mas sejam submissos *a toda criatura humana por causa de Deus* (1Pd 2,13) e confessem que são cristãos. Outro modo é que, quando virem que agrada a Deus, anunciem a palavra de Deus [...] E todos os irmãos, onde quer que estiverem, se recordem de que se doaram e entregaram seus corpos ao Senhor Jesus Cristo. E por amor dele devem expor-se aos inimigos, tanto aos visíveis quanto aos invisíveis [...] (1Cel 16,5-7.10-11).

Submissos a toda humana criatura por causa de Deus, sem posses para proteger nem interesses a invocar, sem função significativa no mundo e sem nenhuma vontade de ser importantes, os irmãos não são impedidos de nada. Eles podem, por seu trabalho, serviço e espírito fraterno, fazer da terra a casa que acolhe todos os filhos de Deus.

O sangue derramado

É o que Francisco de Assis quer viver. Doar seu sangue, pessoalmente, segundo as exigências do Espírito e do mundo e em função dos acontecimentos externos que marcam sua vida. Ele entra assim no movimento que o faz cantar a Deus, devolvendo-lhe tudo o que recebeu. Muitos esforços do homem se perdem numa relação cotidiana superficial. Mas há outros ligados à regeneração da humanidade que permanecem inscritos no lento amadurecimento da história[28].

---

28 Cf. FLOOD, D. *Frère François et le mouvement franciscain*. Paris: Ouvrières, 1983, p. 127.

Em uma maneira de ser no mundo

Vivemos nós na inconsistência e no medo do olhar do outro, do julgamento ou da incompreensão, e com medo de chocar com nosso testemunho de fé em Jesus Cristo? Ou, ao contrário, nossa intenção é alimentar relações abertas e profundas com os homens e as mulheres de nosso tempo? Impossível ir ao encontro das pessoas com um desejo de partilha e de paz sem participar imediatamente e intensamente das questões vitais que preocupam a existência das pessoas.

Em uma maneira de viver como seres fraternos

Não é este o único *sinal* eclesial de reconhecimento que Cristo deixou aos seus discípulos: "Nisto reconhecerão que sois meus discípulos, se vos amardes uns aos outros"? (Jo 13,35).

Os frades abandonaram um mundo em que a segurança contra os imprevistos da vida residia na possessão. Hoje a situação é muito parecida. Para Francisco e seus companheiros, a fraternidade tornou-se então o princípio motor e a própria base de segurança. Desta forma, um confrade podia contar com o outro em suas necessidades. Ele encontrava no outro a solicitude de uma mãe para com o próprio filho: eis a singularidade do ideal franciscano. Ora, foi quando Francisco encontrou os leprosos que ele descobriu outro mundo e constatou a existência de uma outra realidade humana. Se para ele foi difícil abandonar tanto suas posses quanto certos hábitos ou concepções de vida, os irmãos que quiseram segui-lo tiveram que fazer a mesma experiência de desapego.

Movidos pela força do amor, pelo espírito de fraternidade cristã, cada um de nós pode levar seu combate em favor da vida do seu próprio jeito, mas nunca sem audácia. Ousar testemunhar que isto às vezes é difícil ou doloroso, mas possível na alegria, vale mais do que belos discursos moralizantes.

Ignorar estas exortações alimenta em nós uma fragilidade que inevitavelmente leva à morosidade ou ao desespero. Cabe-nos acolhê-las e reajustá-las, meditar sobre a dimensão fraterna da vida e aceitar seus questionamentos. Desta forma torna-se possível a aceitação do envio em missão.

Francisco e seus irmãos não adotaram uma ciência livresca, mas uma ciência existencial que lhes permitiu misturar-se com o povo sem confundir-se com ele: ricos, pobres, marginais, crentes e descrentes, todos eram vistos como filhos de Deus. Francisco e seus seguidores não se fecharam nas "clausuras socais" daquele tempo. Eles se apresentavam como homens engajados na luta pela vida, sobretudo a mais espezinhada, sempre inspirados no Cristo pobre e humilhado.

> A partir do momento em que Deus se fez Homem e o homem se torna Deus, ele começa a agir em favor de nossa felicidade eterna até o fim, por sua morte de cruz[29].

Seria uma utopia a fraternidade vivida segundo Francisco? Utopia ou não, a fraternidade franciscana existe há mais de oitocentos anos. Seria superada, ultrapassada? Certamente não! O mundo de hoje necessita dela. O movimento franciscano, em seus primórdios, passou por grandes dificuldades. Francisco e seus irmãos foram ridicularizados e desprezados, criticados ou julgados, e vistos inclusive com repugnância (AP 23b), fato que acercou de angústia um bom número dentre eles. No entanto, a força destes homens foi a de não se reconhecerem ou não se deixar enclausurar neste ou naquele julgamento sobre eles. Aos poucos, em Assis, a repugnância foi se transformando em admiração, justamente pela tenacidade do engajamento dos frades e pela alegria que provocavam em quem se aproximasse deles.

---

29 MAÎTRE ECKHART. "Sermon 86". In: *Les Sermons (60-86)*. Paris: Seuil, 1979, p. 179 [Trad. J. Ancelet-Hustache].

O anúncio da Palavra

A pregação franciscana mundo afora foi, em seus primórdios, muito mais uma exortação prática do que um ensinamento dogmático. Seu conteúdo girava em torno de um convite insistente à conversão do coração à paz salvífica de Jesus Cristo. Para tanto, Francisco e seus companheiros não pregavam nem verdades em si, nem ideias religiosas, mas convidavam convictamente a uma atitude pessoal de seguimento do Evangelho. Desta forma abriram novos horizontes para a Igreja. Eles simplesmente viviam no meio das pessoas com espírito verdadeiro, alegres, mostrando simplesmente o que eram. Tratava-se de uma presença de pobres animados pela força de Jesus Cristo.

> A partir de então, com grande fervor de espírito e alegria da alma, começou a pregar a todos a penitência, edificando os ouvintes com palavras simples, mas com o coração nobre (1Cel 10,23).

Por sua humanidade e falibilidade, por suas tentações e quedas, por sua personalidade exigente, muitas vezes incômoda e desconcertante, mas por amor a Cristo e sempre preocupado com o outro, Francisco testemunha a possibilidade de todo homem e toda mulher de empenhar-se num verdadeiro combate espiritual. De fato, Francisco se dirige a todos tocando suas existências. Ele não busca colocar a pessoa diante de suas imperfeições, mas simplesmente testemunha uma liberdade profunda que permite que essa pessoa se realize em sua humanidade. Esta verdadeira liberdade é o fundamento de uma ação autêntica, de um agir livre "por uma grande razão", guiado simplesmente pelo amor.

Ele não se dispersa nem se sente prisioneiro de uma atividade que lhe seja exterior; ele age em conformidade com aquilo que é em sua essência. Ele edifica e homenageia a vida. Para Francisco e seus irmãos, a indiferença em relação ao mundo não é o critério do homem unido a Deus, nem o agir um sinal de imperfeição. Seu agir se realiza no mundo, em cooperação com a graça.

A partir do instante em que aceitamos o encontro e o diálogo, nos colocamos a caminho. Cada um de nós é construtor da Igreja, pois, quando uma alma se eleva, ela eleva o mundo.

Cabe a nós a tarefa de abrir novos horizontes para a Igreja e dizer aos nossos irmãos e irmãs: voltem, não tenham medo, ousem! Avancem com as próprias forças e as próprias fraquezas, reconheçam-nas e avancem sob o olhar e a graça de nosso Senhor. Sustentados por sua graça e misericórdia, engajemo-nos concretamente em favor da vida. Avancemos "com um só coração e uma só alma" (At 4,32ss.).

Se fizermos a verdadeira experiência deste espírito de verdade, de fraternidade e de simplicidade, então nos tornaremos testemunhas dignas de crédito, pois assim testemunharemos a partir de uma experiência humana e espiritual autêntica. Só essa audácia pode tornar mais crível a Palavra que salva em meio às tempestades.

• Onde se situa o combate?

Na exigência da credibilidade e da honestidade espiritual

Não busquemos dar de nós mesmos uma imagem a mais favorável possível ou pretender ser aquilo que não somos. Não representemos um papel. E, sobretudo, não nos coloquemos fora do alcance exibindo um saber e uma perfeição ilusórios. Esta honestidade exige uma certa coragem, visto que às vezes é mais confortável e menos comprometedor abrigar-se atrás de um personagem.

Falar de *retorno*, de conversão do coração, sem deixar brilhar a imagem de Deus que temos no mais íntimo de nosso ser soa a falso testemunho. Podemos fazer belos discursos sobre o arrependimento ou o perdão, mas é somente a experiência íntima, expressa com profundidade, que faz de nós testemunhas críveis, capazes de falar com audácia e simplicidade sobre nossas experiências, nossas dificuldades e nossas verdadeiras convicções. Deste modo, nossas fragilidades ou fraquezas, nossa mediocridade e miséria humana realçam a grandeza e a misericórdia de Deus. Sem isso nosso testemunho não se reveste de sabor divino, tampouco deixamos suficiente espaço para que Cristo atue.

Surge aqui o problema do homem em sua dupla dimensão humana e divina, confrontado consigo mesmo em seu desejo sincero de seguir a Cristo, bem como sua responsabilidade em sua própria salvação e na salvação de seus irmãos e irmãos de caminhada. A honestidade e a verdade de nosso testemunho são, portanto, essenciais.

O combate espiritual está intimamente ligado ao Evangelho

O combate de Francisco se situa sempre em sua capacidade de focar e oferecer a atitude evangélica que permite a toda pessoa poder ter acesso ao Reino de Deus. Ele aponta na direção do último, de Deus, do mistério que existe em cada pessoa. Por seu olhar benevolente e sua atenção ele dispõe de uma viva consciência da necessidade de ir além da parte visível de um acontecimento ou de uma pessoa. É sensível ao dia a dia do outro, sabe parar diante de um rosto, amar e ouvir com os olhos do coração, ciente que toda criatura vem de Deus. À semelhança de Jesus, ele situa-se no presente da pessoa.

Inspirar-se na paciente e humilde escuta do Senhor, ser capaz de ouvir e ouvir novamente compreendendo que aquele que fala tem talvez a necessidade de superar suas dúvidas, é ser imitador de Cristo. É preciso dar tempo ao outro para que a graça divina lhe abra a inteligência do coração. Orígenes afirma que para prestar atenção é necessário ter o desejo de dar àquele que tem fome "o coração humano oferecido como alimento". Alimentar os que se aproximam de nosso olhar, de nossa escuta benevolente e de nossa atitude fraterna depende da dimensão espiritual e do caminho percorrido pelo combatente.

Isto nos faz lembrar a importância da humilde ignorância que permite ao homem tornar-se receptivo à Palavra, ser um simples ouvinte sem posicionar-se como mestre, mas como quem discerne e propõe. Também lembra o cuidado de não fazer um gesto, dizer uma palavra ou apresentar uma atitude que possam perturbar o nosso próximo. Francisco fala mais de irmãos do que de fraternidade, e ele sabe que, quanto mais atenta ao espírito do Senhor for a fraternidade, mais ela será animada por uma força missionária e universal. Esta sutileza de espírito e esta delicada intuição são frutos de seu aprendizado espiritual. Ele introjetou estas atitudes pela frequentação permanente do Evangelho, pelo exercício da sinceridade e da honestidade, pela pobreza interior e pelo desapego, e, paradoxalmente, por sua abertura ao mundo exterior.

A maturidade humana é adquirida pelo aprendizado da reciprocidade, ou seja, aprendendo sobre a vida junto com os outros: acolher, perguntar, dar e receber nos situam na dimensão da partilha do amor, verdadeira plenitude que leva o ser humano à santidade. Este é o verdadeiro sentido das bem-aventuranças de quem tem o espírito de pobre (Mt 5,3). "Jesus olhou para ele com amor..." (Mc 10,21). Não podemos, portanto, alimentar este esforço espiritual senão com esta atitude de pessoas vistas e amadas pelos outros e por Deus.

Os aspectos fundamentais do combate espiritual

• Uma atitude audaciosa

Jesus não convida medrosos e indecisos. Ele precisa de colaboradores que saibam assumir os riscos e que arregacem as mangas.

• Realizar com humildade

> Encontrareis homens de fé, mansos, humildes e benignos que vos acolherão a vós e as vossas palavras com alegria e amor. Encontrareis outros sem fé, *soberbos e blasfemos* (cf. 2Tm 3,2), que vos resistirão e insultarão a vós e as vossas palavras. Proponde, portanto, em vossos corações [que deveis] suportar todas estas coisas com paciência e humildade (AP 18,9-10).

• Em comunhão com a Igreja

Mesmo que esta se mostre frágil, falível e miserável e nem sempre em conformidade com o que nos é ensinado, é a Igreja de Cristo, sempre a caminho. Caminho de cada um de seus membros, homens e mulheres que a compõem. Mesmo que nem sempre estejamos de acordo com ela, precisamos praticar atos e desenvolver atitudes que revelem sua grandeza e beleza. Não nos deixemos impressionar por forças que imaginam poder destruí-la. Testemunhemos seu verdadeiro rosto, que é Cristo.

• Cujos frutos visíveis são uma renovação de caridade

Toda atividade humana deve estar ao serviço do espírito do Senhor, ser subordinada à Vida do Espírito e à busca do Absoluto: Deus. Ela deve ser realizada na humildade e no serviço aos mais simples.

> Por isso, na *caridade que é Deus* (cf. 1Jo 4,16), suplico a todos os meus irmãos que pregam, que rezam e que trabalham, tanto aos clérigos quanto aos leigos, que se esforcem por humilhar-se em tudo e por não se gloriar nem se regozijar consigo mesmos nem se exaltar interiormente das boas palavras e obras, e menos ainda, de nenhum bem que Deus muitas vezes faz ou diz e opera neles e por eles, segundo o que diz o Senhor: *Não vos alegreis, no entanto, porque os espíritos se vos submetem* (Lc 10,20). E saibamos firmemente que nada nos pertence, a não ser os vícios e pecados (RnB 17,5-7).
> Evangelizar não é para ninguém um ato individual e isolado, mas um ato profundamente eclesial [...]. Nenhum evangelizador é dono absoluto de sua ação evangelizadora[30].

Todos os escritos de São Francisco, todas as suas palavras, todos os seus atos são um combate em favor da fraternidade e em favor do amor do Senhor. Ele não luta apenas por si mesmo, mas em favor de toda a criação. Ele se afirma como um evangelizador incansável e combate para que o Amor seja amado.

---

30 PAULO VI. *Exortação Apostólica* Evangelii Nuntiandi – Sobre a evangelização no mundo moderno, 08/12/1975, n. 60.

Nossa função é nos situar na imensidão desse universo que é Cristo; isto é, exercendo o papel de cooperar com a graça para a salvação do mundo. Estamos dispostos a aceitar esta grande responsabilidade? É bem verdade que esta luta não leva à glória mundana; ele é antes fonte de provações, de tentações e de tribulações e faz de cada despertar espiritual uma obra do Espírito. A graça do apóstolo é participar do sofrimento de Cristo.

Utopia? Francisco escolheu caminhar com Cristo e cuidar daquilo que o Senhor cuidou: o homem, qualquer criatura humana que encontre. A grandeza do irmão Francisco está aí. Ele revela a toda pessoa humana sua vocação mais profunda.

III

O combate espiritual se vive no despojamento e na paciência

A alegria da cruz

Do início da Ordem

Francisco e seus irmãos tiveram que verificar esta paciência nas tentações, nas tribulações e nos sofrimentos. Quando entravam numa cidade, se, por um lado, alguns homens e mulheres ouviam de bom grado e com alegria seus encorajamentos sobre o temor e o amor ao Criador do céu e da terra, outros, ao contrário, zombavam ou os assediavam com questões às quais às vezes lhes era difícil responder. Tomados por impostores ou loucos por aqueles que os viam ou os ouviam, sofreram muitas ofensas. Alguns frades foram inclusive apedrejados. Um frade foi longamente carregado nas costas de um homem, suspendido pelo capuz. Tratados como malfeitores, ninguém os queria hospedar. Muitas vezes tomavam por abrigo os pórticos das igrejas ou das casas.

> Se sentirmos antipatia ao nosso redor, não respondamos com antipatia; seria provocar uma escuridão ainda mais profunda a uma noite já privada de estrelas[31].

Um belo exemplo nos é mostrado no episódio de Frei Bernardo de Quintavalle e Frei Gil, em Florença, obrigados a dormir perto do

---

31 MÉNARD, E.H. *Une vie offerte.* Op. cit., n. 32, p. 50.

forno de uma casa numa noite muito fria (AP 20-22)[32]. Este relato apresenta dois irmãos nos inícios do movimento franciscano, quando ainda não eram reconhecidos como membros de uma Ordem. Deste episódio emergem três características principais: a rejeição e o insulto, o sofrimento, e, enfim, a misericórdia. Esta situação pode ser referida às provações sofridas por Jesus Cristo.

Bernardo e Gil mostram até que ponto desejam viver o que poderíamos chamar de utopia, com todos os seus riscos e consequências. Apesar da rejeição com que se defrontam, eles testemunham um ato de amor e não hesitam em "render graças a Deus, porque fez misericórdia com eles e ouviu o clamor dos pobres" (AP 22,8). Surpreendidos na igreja ao vê-los rezando com devoção e piedade, uma conversão se opera entre os que os haviam rejeitado: eles se propõem agora a acolhê-los de bom grado. Como homens de paz, os irmãos respondem humildemente: "Que o Senhor te dê a recompensa!" (AP 22,4). Em seguida dão graças a Deus por ter tido misericórdia para com eles.

Estes irmãos vivem a experiência da cruz e a verdadeira experiência do Evangelho: "As raposas têm suas tocas, os pássaros dos céus seus ninhos, mas o Filho do Homem não tem onde repousar sua cabeça" (Mt 8,20; Lc 9,58).

No seguimento de Cristo, Gil e Bernardo vivem a cruz sem esquivar-se do cansaço, da dor ou dos insultos. E inclusive abençoam os que os insultam.

Vincular combate espiritual e vida fraterna

As relações interpessoais

Os frades não enfrentam dificuldades apenas em suas andanças. Eles são seres humanos comuns, e não modelos de virtude. Des-

---

32 Cf. o anexo "Frei Bernardo de Quintavalle e Frei Gil mendigam em Florença" (AP 20-22).

ta forma, precisam cultivar e cuidar da vida fraterna e preservar o próprio equilíbrio psicológico. É nesta perspectiva que praticam o intercâmbio mútuo e a partilha de todas as experiências que fazem com que em suas vidas a fraternidade tome forma. Várias admoestações de Francisco giram ao redor do problema das relações interpessoais, visto que a fraternidade é construída e sobrevive do bem querer mútuo compartilhado entre irmãos.

> [Da correção] Bem-aventurado o servo que suporta correção, acusação e repreensão da parte de outro tão pacientemente como de si mesmo. Bem-aventurado o servo que, repreendido, benignamente aquiesce, com modéstia se submete, humildemente se confessa e de boa vontade faz reparação. Bem-aventurado o servo que não é rápido em escusar-se e humildemente suporta vergonha e repreensão por causa do pecado, embora não tenha cometido culpa (Ad 22).

> [Da humildade] Bem-aventurado o servo que se encontra tão humilde entre seus súditos como se estivesse entre seus senhores (Ad 23,1).

Em suas Admoestações Francisco não impõe uma coleção de exigências ou regras que, para ser um bom frade, bastaria cumpri-las. Contentar-se simplesmente ou egoisticamente com elas seria um perigo. Trata-se de conselhos e ferramentas para que os irmãos vivam e se compreendam melhor entre si e com os outros. Francisco estimula aquela *atenção* que permite à amizade tomar forma e afirmar-se. Ele sugere a cada frade as ferramentas mais adequadas para tornar-se irmão, pois sabe por experiência que o combate não se realiza nem pode produzir frutos sem um trabalho sério sobre o movimento interior da alma[33].

> Este mundo complexo faz escolhas e prospecções, cria desejos, propostas e virtudes a cultivar, defeitos a corrigir, tentações a afastar e pulsões a frear... É neste terreno que

---

33 Cf. nosso livro *Les Mouvements intérieurs de l'âme* – Passions et vertus selon saint François d'Assise et les Pères de l'Église. Bruyères-le-Châtel: Nouvelle Cité, 2011.

o Espírito de Deus encontra o homem, a fim de moldá-lo à medida de Cristo, quando se entrega aos afazeres. Um mundo que exige discernimento, e que necessita ser governado com o auxílio da graça e pelo engajamento de cada um...[34]

Anteriormente abordamos os fundamentos do combate espiritual: Por quê? Em vista a quê? Onde? Com quais protagonistas? etc.[35] O santo de Assis põe todas estas coisas em seu devido lugar.

> [Castigo do corpo] Muitos há que, ao pecarem ou receberem injúria, muitas vezes lançam a culpa sobre o inimigo ou sobre o próximo. Mas não é assim, porque cada um tem em seu poder o inimigo, a saber, o corpo por meio do qual peca. Por isso, *feliz aquele servo* (Mt 24,46) que sempre mantiver preso em seu poder tal inimigo [que lhe foi] entregue e sabiamente se proteger dele; porque, ao fazer isto, nenhum outro inimigo, visível ou invisível, lhe poderá fazer mal (Ad 10).

O capítulo décimo das *Admoestações* mostra que toda a vida do servidor de Deus é fonte de combate. Trata-se, de fato, de neutralizar o egoísmo fundamental da pessoa e de evitar que a alma seja mergulhada na obscuridade ou no mundo das trevas e, desta forma, cair no esquecimento de Deus.

Estas palavras carregadas de sentido brotam da força e da riqueza da própria experiência do santo de Assis:

• Francisco nos previne sobre nossa cegueira, e especifica que esta não tem espaço nem licença para entrar, já que "cada um tem em seu poder o inimigo";

• Francisco sugere, para tanto, um controle e um domínio de si: "feliz aquele servo que sempre mantiver preso em seu poder tal inimigo";

• Francisco, enfim, preconiza uma defesa providente: proteger-se "sabiamente dele".

---

34 Domenico Sorrentino, bispo de Assis, Prefácio de nosso livro citado na nota anterior.

35 Cf. cap. I.

O santo de Assis coloca em evidência a "guarda do coração", para que o espírito de sabedoria reconheça e indique em nós o inimigo:

> Onde há temor do Senhor para *guardar seus átrios* (cf. Lc 11,21) aí o inimigo não tem lugar para entrar (Ad 27,5).

Santo Agostinho sublinha com precisão o lugar do combate:

> Não procura matar a iniquidade como se ela estivesse fora de ti. Olha para ti mesmo, vê em ti mesmo que ela é o poder que combate...[36]

Escolher o bem e a ternura

Frei Francisco é um homem livre. Sua liberdade lhe permite ser ao mesmo tempo próximo de Deus e vigilante em relação aos outros. Numa real preocupação com seus irmãos e com a saúde de suas almas, lhes propõe o combate da liberdade que consiste em fazer constantemente a opção pelo bem e sempre prestar atenção ao Senhor.

Sabendo que cada qual deve fazer este trabalho à medida de suas possibilidades e com o peso de sua história pessoal, Francisco se aproxima de seus companheiros cheio de solicitude, de vigilância e misericórdia, a partir de fatos concretos e profundamente humanos tirados de sua própria experiência. Quando age com firmeza com seus irmãos, nunca o faz sem afeição. Sua autoridade é verdadeiramente a do humilde combatente que se deixa penetrar por Deus, que lhe abre as portas e o acolhe. Autoridade de quem experimenta no mais íntimo de seu ser a ternura de Deus. "Em tua imensa ternura", como o diria Christian Rodembourg (Ne 9,19)[37]. Deus, para comunicar-se, precisa ser identificado.

O combate espiritual pela liberdade está ao alcance de toda pessoa que se dirige ao Senhor com toda a sua alma, visto que nada é mais

---

36 SAINT AUGUSTIN. *In Psalm* LXIII, 9. Apud *PL* 36,764.

37 Lema escolhido por Christian Rodembourg, MSA, bispo da Diocese de Saint-Hyacinthe, Quebec (Canadá), organizador da obra MÉNARD, E.H. *Une vie offerte*. Op. cit.

próximo de Deus do que a alma humana. Nada é demasiado baixo para Deus quando ele se abaixa para elevar o homem.

Francisco não teme apelar para a dimensão psicológica do ser humano, ou para sua capacidade de realizar-se em sua essência e verdade; isto é, em sua capacidade de retorno às suas origens. Para tanto, ele explora sem rodeios os movimentos internos da alma e descreve as doenças espirituais – denominadas paixões pelos Padres da Igreja –, pelas quais Satanás assedia as virtudes, já que estas procedem de Deus e representam os poderes divinos no ser humano.

Por suas exortações Francisco evidencia o que nos afasta de Deus, a via a percorrer e os tesouros de que dispomos para encontrá-Lo. Ele nos convida a viver, na alegria, a superação das coisas criadas e a temporalidade do ser, a fim de cantar os louvores de Deus. A intimidade entre a cruz e a alegria permite perseverar neste combate amoroso, não importando a circunstância.

Como homem de Deus ele pratica a teologia do amor, aquela vivida, exercida e concretizada *in loco*. Ele não propõe um plano detalhado do caminho espiritual do cristão, mas encoraja o fiel a servir-se de tudo aquilo que conduz ao Esposo, sem nada exigir, ciente de que o próprio Deus nada exige. Ele se dirige à liberdade de cada um e encoraja a simplesmente fazer uso do dom maior de Deus, que é a graça. No dom maravilhoso da graça, Deus mesmo se doa e se comunica com o homem.

O homem de Deus não se engana sobre a fraternidade e sobre o coração do homem

Viver em fraternidade é ocasião de sofrimentos e injustiças, de comportamentos fúteis, de problemas de obediência e de humildade. A virtude da obediência é causa de dificuldades relacionais e geralmente colide com a vontade própria e possessiva. Esta virtude aparece no combate espiritual como lugar de verificação da renúncia de si. Por exemplo: a função de superior pode ser causa de dificuldades.

> E se o súdito (o homem que se oferece à obediência de um prelado) vê coisas melhores e mais úteis à sua alma do que aquelas que o prelado lhe ordena, sacrifique voluntariamente as suas [opiniões] a Deus; procure, porém, realizar em obras as que são do prelado (Ad 3,5).

> E se [os que foram situados abaixo dos outros] mais se perturbam por causa do ofício de prelado que lhes foi tirado do que por causa do ofício de lavar os pés, tanto mais ajuntam para si bolsas para perigo da alma (Ad 4,3).

A obediência é um voto importante na vida monástica, mas ninguém está totalmente livre dela, já que está presente em nossos pequenos afazeres e relacionamentos cotidianos. Ela é indicada a monges, religiosos ou leigos como um tema passível de esforço espiritual. Francisco pede que sacrifiquemos nossa vontade própria e nos desfaçamos de nossa maneira de pensar, ver ou dizer, como forma de entrega ao Senhor: "Que seja feita a tua vontade".

Ora, todo convite à renúncia inflama o ego, exacerba a forma excessiva de amor próprio e a valorização da própria individualidade. A todos se-nos-é difícil de reconhecer e de aceitar a virtude da obediência como lugar de liberdade.

Não podemos deixar de constatar que, para os superiores, a tentação de transformar-se em necessidade de elevação e de poder está viva em toda parte, e pode apoderar-se de qualquer pessoa. Ela é um dos maiores perigos em nossas vidas e se opõe radicalmente à virtude da humildade e à paz. Se, por exemplo, deixar uma função de superior na vida religiosa pode ser vivido como algo doloroso, o mesmo pode acontecer com uma pessoa que se aposenta para que outra possa exercer a função que ela exercia. Apropriar-se definitivamente de uma função pode gerar graves consequências. E a vida espiritual é a que mais sofre.

Desde o início Francisco sentiu na pele o peso de seu ofício de ministro da Ordem. Ele conheceu sua dificuldade, mas também se deparou com as tentações que podiam surgir da autoridade que dispunha. Ele encontrou seu próprio "eu" diante de Deus através de um constante exercício de "automortificação". Por isso fez questão de deixar evidente, no interior de seu movimento, a inadmissibilidade de um ofício onde algum irmão pudesse se estabelecer definitivamente, ou reivindicar um poder e exercê-lo em benefício da própria vontade (RnB 17,4). Os irmãos devem obediência uns aos outros, sob a ação do Espírito, fato que não afasta absolutamente a obediência regular de um irmão ao seu ministro.

O homem se forma e se deforma de acordo com as opções feitas e suas práticas consequentes. O espírito de dominação e de poder ligado a uma função geralmente se faz presente na vida cotidiana, e pode ser exercido em diversos níveis de responsabilidade. A exploração do outro cria frustrações e adoece as pessoas.

Na vida religiosa a fraternidade pode vir a relevar-se um lugar de purificação. A família, os lugares de aprendizagem, o mundo do trabalho, a vida cotidiana nos grandes centros urbanos etc. igualmente o podem ser para os leigos. Reconheçamos humildemente que o caminho de purificação não é nem consistente nem fácil. As cicatrizes, tanto na vida religiosa quanto laica, são geralmente profundas. Os corações sangram e as almas gemem. Ainda estamos em boa forma para enfrentar esse combate?

Um caminho de cura interior se impõe, e é difícil de percorrê-lo sem um auxílio espiritual. Um diretor espiritual pode ajudar as pessoas que sentem dificuldades de romper com a própria solidão, de livrar-se dos acidentes da vida, de aceitar-se como humanos livres e de descobrir a própria dignidade de indivíduos criados à imagem de Deus. O acompanhamento espiritual pode oferecer uma força de combate e de cura sem igual. Jesus o afirma com todas as letras:

> Digo-vos ainda: se dois de vós se unirem na terra para pedir qualquer coisa, hão de consegui-lo do meu Pai que está nos céus. Porque onde dois ou três estiverem reunidos em meu nome, eu estarei ali no meio deles (Mt 18,19-20).

Francisco é extremamente discreto em relação às provações de seus confrades. Ele não busca alimentar neles e nele uma reputação de cristãos virtuosos, visto que todos se sabem pecadores e lutam contra a influência que o mundo ainda exerce em seus corações. Para ele a caridade misericordiosa é fonte de inspiração e deve ajudar a alcançar uma certa coerência entre vida interior e postura de vida. Quando a misericórdia age em nós e nos outros, ela transforma o nosso comportamento. Dessa forma, sob o efeito da graça, interior e exterior se harmonizam.

O ser humano busca encontrar-se consigo mesmo não somente através de sua experiência com Deus, mas também através de suas experiências mais ordinárias[38]. Para Francisco, o combate espiritual não é uma crucificação, mas uma lição e uma dinâmica de vida através das quais as pessoas permanentemente se constroem a si mesmas. As possibilidades e o potencial no ser humano sempre são abordados em tom exortativo por Francisco, visando à autossuperação pessoal. Disso ele mesmo faz a experiência e dá testemunho.

Sem Cristo a autossuperação se reveste de intenções e interesses que destroem a realização Interior. Quando fazemos algo que não corresponde ao projeto de Jesus, ou que desarticula a ideia de que somente "Deus é bom", introduzimos uma ruptura no seio de nossa relação com o divino. E, dessa forma, as forças do mal se sobrepõem às forças da graça.

Nosso sincero desejo de seguir as pegadas de Jesus depende do combate nutrido pelo reconhecimento de que tudo é dom e graça.

---

38 Cf. VANNIER, M.-A. "La conversion d'Augustin, principe herméneutique de son oeuvre. In: ATTIAS, J.-C. (org.). *De la conversion*. Paris: Du Cerf, 1998, p. 281-294.

"Deus, ao doar-se gratuitamente, entrega tudo o lhe pertence; isto é, doe a si mesmo"[39].

Francisco de Assis é uma eterna descoberta: ele sempre tem algo a dizer e a ensinar. Neste sentido é atemporal...

> *De memória de rosa, nenhum jardineiro jamais se alimentou* (atribuído a Fontenelle).

Fazer do mundo uma imensa comunidade

Aplicar-se a fim de reconhecer no outro, para além das aparências, que ele é meu irmão enquanto imagem de Deus é um ato de fé que acolhe este dom espiritual de Deus Pai e Criador, para viver ao lado de nosso irmão Jesus Cristo. É fazer a experiência da fraternidade enquanto filho adotivo do Pai, e do mundo uma grande comunidade.

O desafio maior de toda a nossa vida é tornar-nos irmãos por causa de Jesus Cristo e assim poder contemplá-lo e adorá-lo. É Jesus Cristo, por sua presença, que pode fazer do mundo uma comunidade fraterna, apesar da miséria dos homens.

Francisco e seus irmãos conhecem a presença do Senhor em suas vidas. Eles o celebram e com ele festejam os caminhos percorridos juntos; eles nos mostram a necessidade de jamais nos separarmos da humanidade de Jesus nem do Evangelho, já que o mundo não pode prescindir da fraternidade. É por isso que, no mesmo espírito, eles nos convidam a uma fraternidade universal enraizada na pessoa de Jesus. Nosso grande combate deve ser o de fazer de nossos companheiros e companheiras de estrada irmãos e irmãs, não obstante as forças destrutivas do Mal que buscam fazer fracassar essa aventura espiritual de fraternidade evangélica.

Aceitar esse combate é uma vitória diária e permanente do espírito do Senhor sobre o caos do pecado, sobre o "espírito da car-

---

39 MAÎTRE ECKHART. *Sermon, VI*, 1, n. 55.

ne"[40]. O realismo de Francisco neste domínio da vida comum é espantosamente lúcido. Ele ousa olhar e nomear a realidade humana, não a camufla, a trata corajosamente, espiritualmente e misericordiosamente.

Quem busca enfrentar o grande desafio de torna-se irmão dos outros necessita de um permanente trabalho sobre sua própria humanidade e sobre os movimentos interiores da alma. Cabe a cada um reconhecer e nomear o terreno sobre o qual deve trabalhar bem como exercitar-se na simplicidade e com reta intenção. Deus se alegra com nossos esforços e nos dá força no combate, não obstante nossos erros, fracassos e imperfeições.

O próprio São Paulo, após ter enumerado os frutos do Espírito, que são "amor, alegria, paz, paciência, afabilidade, bondade, fidelidade, mansidão, continência", toma o cuidado de acrescentar: "Os que são de Cristo Jesus crucificaram a carne com suas paixões e concupiscências" (Gl 5,22-24).

Em Cristo, pois, não existe vida comunitária sem sofrimento. Somente as pessoas caridosas, pacíficas e misericordiosas sabem levar os outros ao amor de Nosso Senhor. A recompensa de tratar com amor os que os fazem sofrer é uma fecundidade que participa à fecundidade da Paixão do Salvador:

> Bebe da água da dor e acende o fogo do amor com a lenha da virtude: só assim habitarás o verdadeiro deserto[41].

Obediência a Jesus e a Maria

Para ser bem-sucedido em sua vida espiritual e em sua aventura fraterna, Francisco se agarra à obediência de Cristo e de Maria.

---

40 Segundo Rm 8,2 o termo "carne" não designa o corpo, mas a "lei do pecado". O corpo (do latim *corpus*), segundo Francisco, é o eu egoísta desprezível, todas as tendências carnais. O termo *corpus* evoca esse duplo aspecto de corpo físico e amor-próprio.

41 Mechthild de Magdebourg, beguina.

- Jesus, o Filho, obedece porque ama o Pai.
- Francisco venera maria por sua obediência e sua simplicidade. Maria convida os homens a colocar sua confiança em Jesus.
- Fascinado pelo "Servidor" Jesus Cristo, Francisco vive sua obediência como um servidor.
- Maravilhado pela "Serva" Maria, Francisco vive igualmente sua obediência num abandono. Maria é a primeira a crer em Jesus e no poder de seus atos[42].

Em Jesus e Maria, Francisco encontra o masculino e o feminino. Ele sofre, se oferece, se doa. Ele se deixa gerar e ao mesmo tempo gera. Para os irmãos que o Senhor lhe dá, ele recolhe as migalhas do Evangelho a fim de fazer delas o pão que a Igreja partilha.

Para encorajar os irmãos à obediência do Espírito e à obediência mútua, Francisco compõe a *lauda* às virtudes. "A *Saudação às virtudes* não nasceu numa atmosfera pacífica e serena"[43]. De fato, Francisco viu-se confrontado com a evolução da fraternidade primitiva e com o desenvolvimento da Ordem dos Frades Menores. Além disso, enfraquecido após seu retorno do Oriente no início dos anos de 1220, ele passa por uma depressão. Apesar de todos esses obstáculos, "enquanto *lauda*, a *Saudação às virtudes* é fundamentalmente um lembrete e uma exortação"[44].

A caminhada de Francisco rumo à unidade e à comunhão fraterna é permeada de obstáculos e fadigas

---

42 Cf. Jo 2,1-10: as bodas de Caná.

43 GODET-CALOGERAS, J.F. "Introduction". In: *Salutation des vertus*. Apud DALARUN, J. (org.). *François d'Assise: écrits, vies, témoignages*. Op. cit., p. 157.

44 Ibid., p. 157. Cf. tb. p. 159: "A composição da *Saudação às virtudes* não é obra do acaso. Francisco sentiu um grande desejo de escrevê-la. No final de sua vida ele tinha a sensação de que as virtudes do Santo Evangelho, caras ao seu coração, estavam sendo violentamente sitiadas; não somente na sociedade, não somente na Igreja, mas inclusive em sua própria fraternidade".

Podemos imaginar isto de um homem que consideramos santo? Sim, pois a cruz já está plantada no centro de qualquer fraternidade. Francisco sabe por experiência que ela é o primeiro espaço de conversão, o lugar da verdade e da morte cotidiana ao amor próprio. Ele sabe também que não é natural, para o homem ferido, viver como irmão. Ele carrega consigo os próprios ferimentos, ao passo que os irmãos carregam os seus. Nós também vivemos feridos. Aprender a viver como irmãos exige o aprendizado que leva ao triunfo do amor corajoso.

Mesmo assim, o desenvolvimento do ser humano, inclusive nas comunidades religiosas, não deve ser negado nem encoberto. É no cerne deste desenvolvimento que podemos constatar os esforços e a prática fiel ao chamado do Senhor, o engajamento e o "sim" previamente dado. Os religiosos, quando suas práticas são verdadeiras, simples e humildemente humanas, testemunham este combate permanente, este "sim" renovado diariamente e, sobretudo, tornam visíveis os frutos benfazejos resultantes desta prática. O amor assim visibilizado abre o coração das pessoas ao mistério do Espírito. Nossa carne humana, fraca e frágil, quando vivida no Espírito de Jesus, se revela rica e autêntica testemunha do amor verdadeiro. No entanto, cuidado com a vida religiosa falsamente ascética, que consiste em abstrair-se das relações de amizade e em distanciar-se de tudo, pensando que desta forma somos "mais espirituais". O espiritual nos convida, em primeiro lugar, a "sermos mais humanos".

Sustentemos incansavelmente nossos irmãos e irmãs tentados a abandonar essa difícil aventura que é a vida espiritual. Sejamos solidários e responsáveis por cada um deles e busquemos encorajá-los sem trégua. Longe de intimidar os que passam por períodos tenebrosos, sejamos para eles pessoas movidas pela ternura e pela delicadeza. Mais vale a misericórdia do que o julgamento; mais vale a atenção benevolente do que a aridez e a dureza de coração!

Para Francisco, a correção fraterna é parte da dívida de amor que todos temos para com o Senhor. Ao invés de palavras insensatas, pressões, violação de consciência ou desejo de vingança, optemos, pois, por uma palavra amorosa. Para tanto, inspiremo-nos nas recomendações de Jesus relativas ao amor para com aquele que andou em maus caminhos e ofereçamos-lhe palavras animadoras para que viva melhor. Francisco nos convida a passar do julgamento ou da sanção à promessa de vida, visto que se trata de ganhar um irmão ou uma irmã, e não de perdê-los.

É preciso coragem para amar. O espírito de fraternidade é uma confissão de fé e um extraordinário testemunho de vida em Cristo. Ser perfeito no amor ao próximo é indicação de semelhança total com Deus. Recordemos Jesus no Getsêmani.

É caminhando, guiados por Francisco de Assis, que reconhecemos a veracidade de sua santidade diante de todos os obstáculos interiores e exteriores que ele enfrentou em seu caminho. Experimentar esta luta em sua companhia nos ensina que a fidelidade é a maior das virtudes, e que ela se concretiza na cruz. Sua santidade, marcada por todas as suas fraquezas e por todos os seus sofrimentos, decepções e humilhações, nos encoraja e nos dá força para renovar todos os dias este "sim" que o Senhor espera de cada um de nós.

O grande segredo de Francisco e sua arma de combate

> É necessário que eu seja modelo e exemplo de todos os irmãos, porque, embora ao meu corpo seja necessário ter uma túnica remendada, eu preciso, no entanto, pensar nos meus irmãos aos quais isto também é necessário, e eles talvez não tenham nem possam ter; por isso, é necessário que eu condescenda com eles e também sofra as mesmas necessidades que eles sofrem, para que eles, vendo isto, possam suportá-las mais pacientemente (CA 111).

Francisco ama implacavelmente, e se esforça para realizar ele mesmo o que exige dos outros. Ele simplesmente busca testemunhar, e se esforça para ser coerente com o que diz, pensa e faz. Ele mede suas dificuldades e prova de seus efeitos. E compreende que não podemos exigir do outro aquilo que não praticamos. Não se pretende um moralista. Tampouco faz uso do Evangelho com fins moralistas.

Traduzindo para as nossas vidas: é a honestidade oriunda de nossa própria fraqueza não camuflada e nosso rigor espiritual que fundamentam a credibilidade que nos permite propor ao outro um caminho de vida. Dentre todas as virtudes, entretanto, a humildade deve ser a nossa força maior.

Foi dessa maneira que Francisco descobriu a força viva da pedagogia do exemplo. Ao invés de lamentar-se ou condenar os outros e o mundo, Francisco decidiu pôr em prática as insuficiências percebidas nos outros. É o que transparece claramente em suas Admoestações, no capítulo XXVIII, intitulado, *esconder o bem para que não se perca:*

> Bem-aventurado o servo que *entesoura no céu* (cf. Mt 6,20) os bens que o Senhor lhe mostra e não deseja manifestá-los aos homens em vista de recompensa, porque o próprio Altíssimo manifestará suas obras a quem lhe aprouver. Bem-aventurado o servo que conserva os segredos do Senhor *em seu coração* (Ad 28).

Francisco faz uma grande advertência: jamais se orgulhar da graça recebida nem se apropriar dos dons que o Senhor depositou em nós. O que importa é mostrar humildemente os frutos, alimentá-los em nosso coração a fim de tornar visível a obra de Deus.

A fraternidade existe e vive porque o coração continua amando

Uma fraternidade onde a inimizade reina não pode se desenvolver nem crescer, e menos ainda durar. Francisco não prescreve nem aos seus confrades nem aos homens um estatuto de perfeição individual porque isto não lhe pertence, mas somente a Deus.

A experiência pessoal e suas recaídas

O estado de espírito no qual se encontram os que nos rodeiam tem sua importância. Para os que nos estão mais próximos, nossa experiência se torna testemunho e riqueza se não agirmos como atores que representam um papel, se não nos enganarmos a nós mesmos e aos outros. Nem todos estão dispostos a compreender ou a se manter dentro da exigência espiritual do amor, inclusive no seio de muitas Ordens ou movimentos ligados à Igreja.

O impacto produzido pela qualidade espiritual de nossa resposta

As paixões que agem em nós influenciam nossas respostas, mas as qualidades espirituais de nossas respostas dependem de como usamos nossas virtudes. Tomemos o exemplo de Francisco ao refletir sobre "as qualidades[45] e as virtudes que deviam ornar um bom frade menor"[46]. Ele as nomeia em cada frade e ressalta a beleza e a grandeza de cada frade através da prática de uma virtude ou de suas recaídas. Ele cita assim um dom de Deus em ação. Para ele, não existe nenhum frade menor que reúna todas as qualidades, mas, por outro lado, cada um é reconhecido e louvado através da virtude que cultiva e faz frutificar.

Ele não caiu na ilusão de que a fraternidade depende da perfeição e dos carismas de um único homem: cada qual carrega consigo a sua própria riqueza. Ele mesmo, aliás, não se atribuiu nenhuma virtude, pois se considera o mais vil dos homens. É a comunidade, os frades em seu conjunto que manifestam a perfeição de Deus, não obstante as dificuldades inevitáveis encontradas no "estar-juntos" e em nossa exigência de perfeição do outro.

---

45 Literalmente "as condições".

46 Ler integralmente o anexo "Seu zelo pela perfeição dos frades" (2EP 85).

Esta reflexão coloca em evidência sobretudo a excepcional inteligência do coração desse homem que não se deixa frear pela imperfeição de seus confrades, nem pela sua, mas constrói seu movimento com esse nosso material terrestre cheio de imperfeições.

> [...] a paciência de Frei Junípero, que atingiu um estado perfeito de paciência, porque tinha plena consciência da própria vileza, que continuamente tinha diante dos olhos, e um ardente desejo de imitar a Cristo no caminho da cruz (2EP 85).

Francisco demonstra uma grandíssima honestidade e um amor sincero para com todos os que o cercam. Ele ajuda, aconselha e encoraja em relação ao que estima ser sua própria baixeza. É, portanto, com essa massa humana que seu movimento se constrói e, sobretudo, cresce. Podemos dizer que uma integração imperfeita, que deixa espaço à indivíduos mal adaptados ou às vezes insubmissos, constitui para a sua Ordem uma reserva de potenciais evolutivos extraordinária. A imperfeição se torna então fonte de evolução espiritual[47].

Deixar-se habitar pela realidade do Senhor Deus, e de nossos irmãos e irmãs

Deixar-se habitar pela realidade do inimigo, do irmão doente ou ausente, dos homens e das mulheres de nosso entorno e pela realidade de Deus intervindo no próximo: este exercício nos ensina a reconhecer a graça agindo no outro, para além do visível; nos ensina a captá-la no momento em que ela se manifesta; nos ensina a regozijar-nos e a nos maravilharmos ao invés de fazer disso um motivo de divisão e de ciúme doentio.

Praticar a vigilância em relação a tudo aquilo que nos cerca, avaliar as capacidades e as possibilidades de cada indivíduo levando em consideração, sobretudo, sua vontade e seu desejo: este exercício nos afasta do agir egoísta ou da exigência não construtiva que abrem

---

47 Cf. BORIS, C. *L'Ensorcellement du monde*. Paris: Odile Jacob, 2001, p. 112-113, 183.

inevitavelmente a porta à decepção ou ao azedume, pois satisfazer uma exigência não é necessariamente uma prova de amor. A decepção está a um passo da ruptura.

Se não estamos em condições de lançar um olhar honesto sobre o que nos vincula e sobre aquilo que recebemos do outro, a qualidade da relação corre o risco de ser gravemente afetada. A preocupação com o outro, o cuidado fraterno que lhe prestamos, é certamente o critério de um autêntico desapego de si. O amor ao próximo é a virtude característica de uma alma sensata.

Pela qualidade de sua atenção, pela prontidão que exerce e manifesta à sua volta, Francisco se solidariza com todos os homens sem, no entanto, querer assemelhar-se a eles em tudo. Ele é Francisco. Ele não teme as diferenças e não se mede com elas. E se, em seus limites, não pode engajar-se em todas as frentes do combate contra as forças do mal, ele se compromete sem medida na via das Bem-aventuranças[48]. Não é isso que faz dele o irmão universal e o predileto de Cristo?

Reforçar a qualidade da vida fraterna

Francisco acentua com frequência a não dominação recíproca, a atenção à vida e à alma dos confrades. Isto significa que o irmão menor não manipula os outros, que ele está ao serviço de todos. Esta advertência não se dirige apenas aos frades menores, mas nos concerne diretamente.

> Admoesto, no entanto, e exorto no Senhor Jesus Cristo a que os irmãos se acautelem de *toda* soberba vanglória, inveja, *avareza* (cf. Lc 12,15), cuidado e *solicitude* deste *mundo* (cf. Mt 13,22), detração e murmuração [...] (RB 10,8).

Se ele insiste com tanta força, é para preservar-nos do terrível sofrimento que o orgulho proporciona, a saber: o fechamento absoluto em nós mesmos e, a partir disso, o isolamento em relação aos outros e a Deus. Cegueira mortal, terrível paralisia que impede qualquer

---

48 Mt 5; Ad 14-28.

combate espiritual! No *Pater* que recita, Francisco prolonga o texto evangélico para especificar que todo o ser deve ser invocado para enfrentar o mal e realizar o plano de Deus.

> *Seja feita a vossa vontade, assim na terra como no céu* (Mt 6,10): a fim de que vos amemos *de todo o coração* (cf. Dt 6,5), pensando sempre em vós, desejando-vos sempre com toda a alma, dirigindo para vós todas as nossas intenções *com todo o pensamento*, buscando em tudo a vossa honra e, *com todas as nossas forças* (Lc 10,27), gastando todas as nossas energias e sentidos da alma e do corpo em submissão ao vosso amor; e para que amemos os nossos próximos como a nós mesmos, trazendo todos, segundo nossas forças, ao vosso amor, alegrando-nos pelos bens dos outros como pelos nossos, compadecendo-nos de seus males e *não causando a ninguém qualquer mal* (cf. 2Cor 6,3) (PN 5).

Denunciando os nossos egoísmos, Francisco nos oferece as chaves do combate espiritual. O desejo de Deus e o amor por todos os irmãos em humanidade estão presentes em seu coração. Por conseguinte, este vocabulário de combate se espiritualiza beneficiando os vínculos fraternos. Para ele, a luta interior vai de par com a guarda benevolente do outro e de todo projeto para que se torne concretamente um testemunho de vida em Cristo[49].

> Aqueles que receberam o poder de julgar os outros exerçam o julgamento com misericórdia, como eles próprios gostariam de obter do Senhor a misericórdia (2Fi 28).

O mundo está à espera de um esforço de regeneração onde cada um de nós deve se reconhecer como irmão dos outros. Para tanto basta aproximar-nos do outro, chamá-lo de irmão e perguntar-lhe: que trabalho podemos começar juntos para servir no amor? Busquemos a maneira certa de fazer o bem lá onde o mal impera. Abramo-nos, tornemo-nos acessíveis a uma verdade maior, usemos nossos talentos, nossos dons e nossos carismas e atribuamo-nos tarefas a realizar.

---

49 Cf. Mn 20.

Na verdade, às vezes não conseguimos enxergar um palmo além de nosso próprio campo de visão e carecemos de abertura para com o outro. O distúrbio dos olhos e do coração nos impede de ver a Deus e de ouvir seu chamado. Desta forma deixamos de alimentar o desejo de ver o outro realizado. Que lugar Cristo ocupa nesta história?

Para que o nosso agir seja realmente autêntico, busquemos, pois, cumprir nossos compromissos na gratuidade, livres e desapegados de nós mesmos, tomando distância das eternas "interrogações sobre o porquê disso ou daquilo" que nos amarram ao nosso próprio eu, nos dispersam e correm o risco de nos alienar, mesmo admitindo que "todas as coisas que existem na história têm um porquê"[50]. Sabemos por experiência que é extremamente difícil e arriscado falar de gratuidade em meio a tantas resistências e justificativas cotidianas. Somente Deus É Gratuidade.

Seja como for, não percamos jamais de vista o "Por quem?" e o "Para quê?" oriundos do coração do homem e de sua interioridade. Deixemos Cristo agir e atuemos por Ele. O menor dos gestos pode transformar-se em instante de graça quando agimos para a glória de Deus e não por interesse próprio. Esta é a lógica do verdadeiro serviço.

Por seu próprio combate, suas opções, suas respostas, por suas forças e suas fraquezas, por suas relações com o mundo e com tudo aquilo que o cercava, Francisco testemunhava que qualquer estado de vida pode tornar-se ocasião de descentramento de si e manifestação da fé em Cristo Jesus. Antes de choramingar e desesperar, ele nos estimula a acolher o mundo de braços abertos. O mundo em que ele vivia não era melhor do que o nosso. Prova disso é a maneira com a qual ele nomeia em vários de seus salmos[51] tudo aquilo que deve suportar e enfrentar:

---

50 MAÎTRE ECKHART. "Sermon 26". In: *Les Sermons (1-30)*. Op. cit., p. 219.

51 Cf. Sl 1,3-4.6.8; 2,1.3.6-11; 4,1-4.6.9-10; 5,4.6-7.9-12; 6,2.4.11-12; 8,2-3; 13,3.5; 14,4. Ou mais antigamente denominados "Ofício da Paixão do Senhor".

E diante de vós armaram males contra mim, e ódio em troca de meu amor. Em vez de me amarem, eles me acusavam; eu, porém, orava [...]. Retrocedam meus inimigos todos os dias em que eu vos invocar; eis que reconheci que sois o meu Deus (Sl 1,3-4.6).

Pai Santo, tomastes minha mão direita e em vossa vontade me conduzistes e me acolhestes com glória (Sl 6,12).

A vossa destra, Senhor, foi engrandecida em fortaleza, a vossa destra, Senhor, golpeou o inimigo (Ex 15,6), e na grandeza de vossa glória abatestes meus adversários (Sl 14,4).

Como homem consciente do combate, Francisco é capaz de rezar a partir do próprio combate. Ele não se deixa destruir pelas forças adversas ou pelos obstáculos, e a desesperança não tem espaço em seu coração, mesmo experimentando na própria pele o sofrimento ou às vezes se sentindo assaltado pela dúvida. Ele sabe que Cristo venceu a morte. E quem nele espera já é um vencedor.

Por isso nos exorta, já neste mundo, a praticar a ascese do amor fraterno, e a progredirmos na paz, fazendo uso de nossos dons e carismas. Assim Francisco entende direcionar nossa alma a um preciosíssimo desejo: o de encontrar-se com suas origens, deixando assim que nela resplandeça a *imagem de Deus*.

A paz é inseparável da partilha

É na partilha com o outro, não importa se pobre ou rico, que os homens e as mulheres se mostram pessoas de relação e de paz. Francisco não se contenta em consolar os excluídos atenuando seus sofrimentos; ele busca restituir-lhes a dignidade de homens e mulheres. Todo ser humano tem o direito de reconhecer-se ou de descobrir-se como imagem de Deus. Para tanto urge considerá-lo, sobretudo, em seu sofrimento. Não basta, portanto, chorar o Senhor crucificado; é preciso pôr um fim às crucificações.

A ascese do amor fraterno se realiza na oração, e as primeiras maravilhas que Francisco canta em seus "louvores a Deus" são a força divina, sua grandeza, sua transcendência, seu poder e sua misericórdia:

> Tu és o forte, Tu és o grande, Tu és o altíssimo,
> Tu és o todo-poderoso, Tu, Pai Santo, rei do céu e da terra
> (LD 2-3).

> Tu és o protetor, Tu és o guardião e o defensor (LD 12).

> Deus todo-poderoso, nosso misericordioso Salvador (LD 17.)

Francisco mostra claramente que seu combate sempre é referido a Deus, e concretizado por seu poder misericordioso. Ele busca auxílio no Senhor e não em si mesmo, pois, mesmo ardendo de desejo, se reconhece pequeno, fraco e falível. Ele chega a considerar-se "pútrido" enquanto homem, mas, não obstante tudo, se considera vivo. Sua força combativa está em Deus e vem de Deus.

Cabe-nos escolher a única força digna de ser utilizada. Se depusermos nossas armas humanas diante de Deus ele nos ajudará a progredir em nossa caminhada. O Apóstolo canta o Hino do Amor (1Cor 13), Francisco canta o hino à fraternidade em meio aos homens. Cantemos com ele!

A paixão do amor está no centro do combate espiritual

O amor se revela a Francisco por ocasião de seu encontro com o Crucificado-Ressuscitado na pequena Igreja de São Damião. E este encontro suscita imediatamente uma resposta que se concretiza em fidelidade, obediência e confiança. Pela obediência, que é alimento de Jesus desejoso de sempre fazer a vontade do Pai (cf. Jo 4,34), ele descobre o amor gratuito, o amor que se faz pequeno para doar-se aos homens. Esta paixão do amor até as últimas consequências imprime nele um desejo imperioso de imitação e de adoração maravilhada. Eis onde cada um de nós pode sorver sua fonte de combate: no amor de Cristo por seus irmãos e irmãs e na obediência ao Pai.

Francisco afirma a primazia da experiência espiritual sobre o poder da mente, da razão e até mesmo da teologia acadêmica. Ele coloca o acento na humanidade de Jesus e restabelece assim um equilíbrio entre o divino e o humano diante da percepção de um Deus demasiadamente afastado do homem que a Igreja de seu tempo tinha.

> A obediência vale mais que o sacrifício, e ser dócil é melhor que a gordura dos bodes! Pois a rebeldia equivale ao pecado de adivinhação e a obstinação equivale à feitiçaria (1Sm 15,22-23)[52].

Não tenhamos medo do falar de amor. É importante recordar nosso primeiro encontro amoroso ou do chamado que num dado momento de nossa vida fez tudo oscilar. Quer se trate de um impulso amoroso entre dois seres humanos ou do encontro com o Divino, o dom do amor de Deus no homem abre um espaço e uma profundidade insuspeitos, um movimento de retorno às origens. Assim, Deus, eu e o próximo são inseparáveis. O amor filial e o amor fraterno são indissociáveis. Não posso dizer que amo a Deus se não amo o meu próximo. Não posso considerar-me filho adotivo do pai se não reconheço no outro um irmão ou uma irmã em Cristo.

A partir de seu encontro amoroso desconcertante com o Cristo de São Damião, Francisco se abre totalmente à Beleza do Senhor. Ele se deixa comover pelo leproso, pelo pobre, doentes, desprezados e ladrões, pelos habitantes da comuna de Assis e pelas pessoas que encontra pelo caminho. Sem vergonha nem medo dos novos sentimentos que brotam de seu coração, ele dirige ao Senhor todos os seus projetos e entra numa total disponibilidade interior para tornar-se vigilante, acolhida pura e abertura sem limite ao Espírito. Ele passa do amor próprio ao beneplácito divino.

---

52 Equivale ao ídolo ou à estátua.

Sem este encontro amoroso, o movimento fraterno dos Frades Menores talvez nem tivesse visto sua aurora e Francisco talvez nem tivesse se tornado irmão universal. Este homem, de uma sensibilidade pouco comum nos revela que o compromisso fraterno puro e gratuito só pode ser um ato de amor.

Deleita-te comigo, Senhor

Estas palavras revelam o íntimo, o lugar de uma liberdade fundamental, mas também o espaço em que a graça se difunde. É importante refletir sobre isso. Não existem mais "porquês", mas apenas um livre abandono ao agir de Deus que nos leva a uma imperiosa necessidade de transformar em atos os apelos divinos. Trata-se de entrar na obediência do desejo de Deus. Pronunciá-lo nos compromete e nos determina em nosso combate espiritual.

IV

Todo combatente deve dispor de armas e saber se servir delas

Amar mais, amar melhor, amar de verdade

O amor é uma experiência decisiva

Esta experiência encontra sua plenitude na relação entre o homem e Deus. Deus ama o ser humano e, sobretudo, o mais sofredor. Não duvidar disso é uma grande graça. Ele é tão loucamente apaixonado por sua criatura que a busca incansavelmente. Seu desejo é tamanho que se faz mendigo junto de nós. Deus se revela ao homem não para convencê-lo e subjugá-lo, mas para estabelecer com ele uma verdadeira relação. Ele nos assume como somos, onde estamos e na situação em que nos encontramos. Basta um único olhar de nossa parte para que ele nos envolva em sua luz. Basta um chamado, e Ele está lá. Basta uma palavra amorosa para que nos assuma em seus braços[53].

Deus se revela e busca o homem com uma intensidade amorosa infinita. Mas em seu imenso respeito por sua criatura, ele espera dela um sinal de seu desejo, respeitando inteiramente a liberdade que lhe deu. Participar da vida íntima de Deus depende de nosso desejo e de nossas opções feitas livremente.

A arma mais preciosa no combate espiritual é o amor

---

53 Cf. *La déposition* – Parcours spirituel à l'école de saint François d'Assise. Op. cit. Introdução.

Amor de Deus pelo homem. Amor do homem por Deus. Amor do homem pelo homem.

> Se o amor é o nome de Deus (Jo 4,8), que designa ao mesmo tempo a vida trinitária em si mesma e a atitude benevolente em relação à criação, cuja Encarnação do Verbo constitui uma mudança decisiva e um ápice insuperável, este amor é igualmente uma experiência humana que dá sentido à existência e permite medir sua grandiosidade[54].

Todos precisamos ser vistos, observados, reconhecidos, considerados, desejados, abraçados e amados. Quando nossos sentidos são solicitados, uma indescritível vontade de viver emerge em nós. Assim, sob o olhar do outro nos tornamos pessoas. A partilha da palavra e a atenção mútua completam este sentido de viver. Se neste nível houver uma carência, um mal-estar se manifesta e, por consequência, inevitáveis consequências negativas se produzem em termos relacionais humanos e espirituais. É por sermos vistos que podemos ver; é por sermos abraçados que abraçamos; é por sermos amados que amamos. Em todas estas relações, o Verbo está presente e dá sentido. Portanto, não temos apenas o desejo de amar e ser amados, mas também o desejo de transmitir estes sentimentos. Assim o amor se traduz num movimento que permite que a alma se una sempre mais a Deus.

São Francisco conheceu e fez experiência desta necessidade de amor e de afeição que qualquer criatura sente. Suas instruções para a vida em eremitério nos oferecem uma maravilhosa ilustração:

> Aqueles que querem viver religiosamente nos eremitérios sejam três irmãos ou no máximo quatro; dois deles sejam as mães e tenham dois filhos, ou um pelo menos... (Regra para os eremitérios 1).

---

54 HARDER, H.-J "Amor". In: LACOSTE, J.-Y (org.). *Dictionnaire Critique de Théologie*. Paris: PUF, 1998, p. 33-39. Apud MANGIN, É. *Maître Eckhart ou la profondeur de l'intime*. Paris: Seuil, 2012.

E amem-se uns aos outros [...]. E mostrem por obras (cf. 1Jo 3,18) o amor que têm uns aos outros, como diz o apóstolo: Não amemos por palavras nem com a língua, mas por obra e em verdade (RnB 11,5-6).

E cada qual ame e nutra a seu irmão, como a mãe ama e nutre seu filho; nestas coisas Deus lhe concederá a graça (RnB 9,11).

Em comunhão profunda e fraterna com cada um de seus confrades, Francisco sabe reconhecer os segredos dos corações perturbados. Para ele, amar é melhor que condenar; a misericórdia está acima do julgamento. Todo o seu ser exprime uma bondade fundamental capaz de fazer com que cada um descubra, para além de uma atitude repreensível ou de uma fraqueza, que uma única coisa é necessária: um pouco de amor.

A necessidade de reconhecimento pode provocar ferimentos sérios e nos levar a um grande sofrimento interior, mas também a um grave processo de morte espiritual. Paralisados, ofuscados e envenenados por pensamentos negativos, não conseguimos fazer uso, conosco mesmos e com os outros, das ferramentas de cura, como a confiança, a esperança e a misericórdia. Absorvidos por tudo aquilo se abate sobre nós, nos sentimos arrasados, perdendo nossa capacidade de pensar. Desta forma, não vemos outra solução senão a de conviver com esse sofrimento. Arrastados pelo medo não percebemos o amor à nossa volta, e muito menos dentro de nós. Pior ainda: às vezes, decepcionados, deixamos de acreditar no amor, no perdão e em nossa capacidade de amar. Urge que alguém de nosso entorno nos recoloque novamente nesse movimento de amor e nos reanime na caminhada[55].

---

55 Cf. nosso livro *Les Mouvements intérieurs de l'âme* – Passions et vertus selon saint François d'Assise et les Pères de l'Église. Op. cit., p. 57-61.

Francisco sabe abrir-se ao sofrimento do outro, sabe tornar-se disponível, sabe consolar sem julgar, usando sempre da misericórdia[56].

Se aceitarmos que a partir de um ferimento e de um trabalho de discernimento nosso combate espiritual pode progredir, nossos olhos se abrem, nosso olhar se alarga através da graça que nos é dada. Assim reencontramos a confiança, a fé no espírito de fraternidade e do amor. Assim reaprendemos a existir.

Este trabalho não consiste em fazer desaparecer as causas exteriores do sofrimento porque ele não pode fazê-lo, e menos ainda buscar uma espécie de perfeição interior sob forma de insensibilidade e de falsa espiritualidade. Ele consiste em reaprender a fazer uso de nossa liberdade, inclusive na adversidade, em voltar-se novamente para Deus e aproximar-se dele a fim de redescobrir sua bondade e sua consolação misericordiosa. Assim, do terrível confronto com o sofrimento caminhamos na direção do sublime face a face com o Senhor.

Se nosso desejo de amar mais e melhor se manifesta verdadeiramente em práticas concretas, para além de nossas próprias fraquezas e as dos outros, então nos tornamos artífices da paz e corresponsáveis pela salvação do mundo. Este é o convite de Francisco.

O combate pela liberdade e pela Vida

O esquema que vamos propor abaixo[57] mostra como os processos de destruição podem surgir em nossas vidas, mas, sobretudo, indica que é possível impedir que o sofrimento nos destrua[58]. A qualquer momento podemos sair do exílio, erguer a cabeça, assumir

---

56 Ler o anexo "Conhecimento das coisas ocultas" (1Cel 49-50).

57 Conforme o ensinamento de Philippe Dautais.

58 WEIL, S. *La Pesanteur et la grâce*. Paris: Plon, 1947, p. 106.

este processo e dar um basta a processos vitais dolorosos. Por exemplo: o medo desencadeia um sofrimento, mas este pode assumir um sentido e nos recolocar na busca e no desejo de Deus. Uma inversão então se opera. Fortalecidos, podemos prosseguir nossa ascensão.

Às vezes precisamos de um tempo para nos lançar com um guia no caminho da cura, que por sua vez demanda aprendizagem no uso de alguns instrumentos espirituais[59]. Este trabalho depende de nossa opção e de nossas expectativas em relação à vida. Ele pode nos reconduzir a um processo de ressurreição, o amor encontrando o seu devido lugar. Trata-se de um processo que consiste numa tríplice abertura: à nossa própria interioridade, à relação fraterna com o outro, e ao amor infinito de Deus.

A palavra é uma pessoa, ela se fez carne. Que nossa carne se faça Palavra
- Se não sofremos, sabemos consolar?
- Se não fomos feridos, conhecemos a ternura?
- Se ignoramos nossas fraquezas, podemos perdoar?
- Se não sabemos ser salvos, podemos experimentar a alegria?
- Se não descobrimos em nosso irmão a imagem do Senhor, podemos ser luz?
- Estamos dispostos a oferecer a Deus a prioridade e a escutar sua verdade?
- Estamos dispostos a crescer, aceitando nossa minoridade?

Cabe a cada um de nós aderir livremente à dinâmica do Espírito Santo para nos tornar irmãos e irmãs em Cristo. O Espírito tende ao crescimento, ao transcendente. Ele transfigura e reabilita.

---

59 Uma ajuda terapêutica prévia pode, em certos casos, mostrar-se necessária.

O combate pela liberdade e pela vida

Desejo de amar ↔ Desejo de ser amado

A experiência sensível deste desejo pode provocar um ferimento que destrói alguma coisa em nós, ocasionando uma fragilidade, uma vulnerabilidade e nos levando a uma situação perigosa

Do ferimento ao retorno a Deus

Vale fértil da humanidade

Regresso à relação

Liberdade   Responsabilidade

Dúvida

Confiança – fé

Medo

Sofrimento

Perdão

Sentido

Busca de segurança e de compensação

Culpabilidade

Metanoia   Colocar-se no desejo de Deus

Justificação   Ter razão

Angústia

Tomada de consciência

Tristeza – depressão   Agressividade

Cegueira

Desejo de agradar ao ponto de adoecer

Ciclo de adormecimento do coração; Movimento do ego; Fechamento em si mesmo; Inferno, mentira; Terra de exílio

Aprendizagem: submeter às pulsões inconscientes, à autoridade pessoal

As potências do Senhor e o desejo da alma no combate espiritual

Francisco de Assis e as potências da alma; paixões e virtudes[60]

Teria Francisco usado a expressão "poderes da alma"? Até onde sabemos, parece que ele não a empregou em seus escritos, tampouco podemos encontrá-la nas palavras de seus discípulos. Estas noções muito antigas[61], oriundas da teologia dos Padres da Igreja, no entanto, eram conhecidas em alguns mosteiros do Ocidente, na época de São Francisco. Não podemos dizer categoricamente que ele não teve acesso a elas. Seja como for, é impressionante constatar que Francisco, por vias diferentes e sem mencioná-la, tenha encontrado e manifestado a espiritualidade dos Padres da Igreja.

Na segunda biografia de Tomás de Celano podemos ler: "Aqui começa o memorial *no anseio da alma* (cf. Is 26,8) dos feitos e palavras de nosso santíssimo pai Francisco" (2Cel 3). A expressão "no anseio da alma" tirada de Isaías, é atestada em 1284 pela *Crônica de Frei Salimbene de Parma*: "Memorial do bem-aventurado Francisco no desejo da alma"[62].

São Boaventura, em seu *Breviloquium,* desenvolverá essas "potencialidades originais" bem como seus desvios. E, na *Legenda Maior,* falando da pobreza, ele traduz o pensamento de Francisco nestes termos:

> Disse [ainda]: "Quem deseja atingir o vértice dela [pobreza] deve renunciar de algum modo não só à prudência do mun-

---

60 A título indicativo, a expressão "movimentos interiores da alma" remonta aos Padres da Igreja (Evágrio Pôntico, século IV). Evágrio vê na alma "três poderes" que são o motor do crescimento espiritual. Ele será retomado por Máximo o Confessor século VII; Hesíquio o Sinaíta; Gregório o Sinaíta etc.

61 LARCHET, J.-C. *Thérapeutique des maladies spirituelles.* Paris: Du Cerf, 2000.

62 "Chronique de Salimbene". In: DALARUN, J. (org.). *François d'Assise:* écrits, vies, témoignages. Op. cit., p. 2.499-2.545.

do, mas também à perícia das letras, para que, despojado de tal propriedade, *entre para as obras poderosas do Senhor* (cf. Sl 70,16) e se ofereça nu aos braços do Crucificado (LM 7,2).

As potências da alma

A potência desejável, a potência irascível e a potência razoável são faculdades dadas ao homem desde as origens pelo Criador a fim de permitir-lhe que alcance seu fim último em Deus. É usando convenientemente destas forças que vivemos santamente na virtude. Deus exige de nós "o uso consciencioso destas faculdades segundo a ordem do Senhor"[63].

> A alma humana é imagem de Deus na medida em que naturalmente e originalmente ela é equipada de faculdades cujos atos mais nobres são os de conhecer e amar a Deus. [...] Ela é capaz de Deus na medida em que naturalmente e originalmente já possui o objeto que ela precisa reconhecer e amar[64].

As paixões

São denominadas paixões ou doenças espirituais as diferentes faculdades da alma desviadas de sua finalidade original e orientadas para a realidade sensível, para as expressões efêmeras e limitadas da vida. O termo "paixão" exprime assim um desvio. A Bíblia identifica este desvio com o termo "pecado".

Para reconhecer-se a si mesmo e voltar às suas origens, o homem precisa reinvestir todo o seu potencial em Deus e deixar que suas faculdades se abram livremente à graça divina. Desta forma, postos em movimento pela graça, e não pelas tentações do mundo, os po-

---

63 SAINT BASILE LE GRAND. *Grandes règles*, 2.

64 MATHIEU, L. *La Trinité créatrice d'après saint Bonaventure*. Paris: Franciscaines, 1992, p. 225.

deres da alma não são desviados de sua orientação original. Disto depende a nossa vida.

Máximo, o Confessor, dá conselhos para curar as doenças da alma: "Combata teus inimigos, as paixões, e luta para adquirir as virtudes".

O termo "combate" já nos é familiar, pois estamos falando do combate espiritual de Francisco de Assis e o de qualquer pessoa que se sente chamada a seguir o caminho de nosso Senhor Jesus Cristo.

O bom uso das virtudes

O reconhecimento das virtudes requer uma experiência de interioridade. Este trabalho não pode ser feito sem nos aproximarmos de nossa profundidade e exige o olhar penetrante do Senhor em todos os níveis de nossa existência. Todas as virtudes, mesmo a caridade e a obediência, devem depender de uma vida interior e de uma qualidade da alma. Não fixemos morada no pesado espírito do mundo que nos afunda, mas na leveza da ação do Espírito de Deus que nos eleva.

Como qualquer um de nós, Francisco teve que aceitar que Deus dilatasse seu olhar sobre a vida. Ele não mediu esforços para entrar na consciência de sua própria humanidade e para reconhecer nele os processos que o afastavam da relação ou se opunham à vontade divina e, assim, à liberdade que lhe foi dada por seu Criador. Ele aprendeu a não ter medo de suas deficiências nem ter vergonha, mas suportou este peso pousando um olhar honesto, lúcido, simples e humilde sobre sua realidade e assim, pouco a pouco, conseguiu fazer uso dos "remédios" espirituais que Deus concebeu a ele e concebe a todos nós.

Alegremo-nos pela partilha à qual somos convidados por Francisco. Ele nos faz compreender que a vida não pode se limitar a um sentido meramente material. Ela deve ser acrescida de uma dimensão humana e fraterna. É nesta "humana partilha" que devemos avançar e nos treinar no exercício do amor, traduzido em bom uso dos poderes da alma e das virtudes, fazendo assim de nossas fragilidades uma força vital.

Por outro lado, o aprofundamento do pensamento e do caminho para Deus de Francisco pode deixar transparecer uma certa rigidez. Esta visão nos perturba. Por quê? Iluminados e aprofundados pelo Evangelho, seus escritos confrontam e enobrecem, e podem ser lidos a partir de uma leitura meramente acadêmica. De fato, se os meditarmos e soubermos descobrir neles a manifestação da ação amorosa e santificante de Deus e a força de combate espiritual que eles contêm, entramos então no verdadeiro processo de cura que nos permite recuperar a saúde de nossa natureza original voltando-nos assim para Deus.

É a luta pelo amor de Deus e dos homens que dá sentido à prática de santidade. Francisco não se detém nas reflexões ou nos conceitos de santidade; ele progride verdadeiramente na experiência espiritual, na experiência da morte e da ressurreição de Cristo. Assim, a força de sua mensagem nos mergulha no Evangelho e no tesouro da Igreja. Ele não se apoia nas distinções filosóficas, mas na fé e em sua experiência pessoal e comunitária. Ele sabe que o próprio Deus se faz presente através desta experiência, e em seus esforços para comunicá-la. O Senhor está sempre do seu lado.

> Não usava as chaves das distinções [da retórica], porque não elaborava sermões que ele próprio não criava. A verdadeira *virtude da sabedoria que é Cristo* (cf. 1Cor 2,1.5) *davam voz de virtude à sua voz* (cf. Sl 67,34) (2Cel 107,3-4).

O combate espiritual depende verdadeiramente do desejo da alma. Esta luta recorre à virtude da coragem e necessita de um longo aprendizado, mas, a partir do momento que nosso desejo é orientado para Deus, o Senhor preenche nossas insuficiências para nos manter nesta via. O acompanhamento espiritual se revela aqui extremamente útil, visto que com ele aprendemos a não nos esconder eternamente atrás das nossas insuficiências. Assim, sem perder a coragem, assumimos o risco de nossa humanidade. Trata-se de um trabalho de toda uma vida que pode nos assustar se o considerarmos uma montanha intransponível. Mas, com a graça e os instrumentos de Deus tudo é possível.

Desta forma, para levar a bom termo esta luta, é necessária uma certa maturidade, e esta pode ser enriquecida por um bom acompanhamento espiritual. É isto que Francisco testemunha.

Esta visão pode parecer anacrônica, de outra época, inacessível, tamanho nosso comprometimento com as coisas deste mundo e afastados de Deus. Isto pode ter-nos levado a perder o sabor das coisas espirituais e o sentido da obediência de filhos de Deus. De fato, as palavras de Francisco refletem o resultado de sua luta para reorientar seu desejo e suas energias para Deus. Não se trata de palavras de um homem nascido santo, mas as de um sofredor consciente de seu estado de pecador e que, para além de todos os seus limites, deseja e espera ardentemente a Vida, e nisto ele acredita. São palavras de liberdade. "E ainda assim... sou amado por Deus"[65].

A partir desta perspectiva podemos entender melhor a vida deste homem apaixonadamente[66] voltado para Deus, amar nossos irmãos e irmãs, amar o mundo e toda a criação.

> Portanto, nada mais desejemos, nada mais queiramos, nada mais nos agrade ou deleite a não ser o nosso Criador, Redentor e Salvador, único Deus verdadeiro (RnB 23,9).

> [...] para que perseveremos todos na verdadeira fé e penitência, porque de outra maneira ninguém pode salvar-se (RnB 23,7).

---

65 GATTI, D. *Et pourtant... je suis aimé de Deus* – Entrevista com Thaddée Matura. Paris: Franciscaines, 2016.

66 Apaixonadamente, e não "passionalmente"; i. é, num desejo gratuito, totalmente orientado para Deus.

Potência que deseja: desejo de Deus, desejos humanos, temperança e pobreza

"Cristo, nosso Deus, é a meta de todo desejo"[67]. No entanto, o desejo humano não conhece restrição quando o poder do desejo é desviado de seu objetivo. Levados pela avidez e pela tentação do desfrute, desejamos sempre mais.

Francisco e seus irmãos tiveram que gerir o distanciamento entre a nova vida e seus antigos trabalhos. Quando um retorno inconsciente aos antigos desfrutes mundanos do passado os assaltava, eles se associavam aos poderes da alma e se exercitavam nas virtudes. Fragilidade humana: sempre existe no desejo do homem que ama algo a ser feito. Com efeito, apesar de nosso profundo desejo de amar, nosso olhar é perturbado por toda sorte de tentações, nosso coração sofre para livrar-se de seus apetites gulosos e a cobiça arma sua tenda à nossa porta. Mas isto não põe em causa a justeza de nosso desejo.

Não se trata, portanto, de matar o desejo, porque sua finalidade natural é o amor, mas de fazer bom uso do poder do desejo reorientando-o para Deus a fim de elevar-nos e unir-nos a ele.

> Amemos todos, *de todo o coração, com toda a alma, com todo o pensamento, com todo o vigor* (cf. Mc 12,30) *e fortaleza, com todo o entendimento* (Mc 12,33), *com todas as forças* (cf. Lc 10,27), com todo o empenho, com todo o afeto, com todas as entranhas, com todos os desejos e vontades ao *Senhor Deus* (Mc 12,30); a ele que nos deu e nos dá a todos nós todo o corpo, toda a alma e toda a vida; a ele que nos criou, nos remiu e somente *por sua misericórdia salvará* (Tb 13,5); a ele que a nós, miseráveis e míseros, pútridos e fétidos, ingratos e maus, fez e faz todos os bens (RnB 23,8).

Nós, enquanto leigos, podemos argumentar e dizer que tudo isso não nos concerne, que é assunto de monges e religiosos. De modo algum! Nosso estado de vida certamente orienta algumas de nossas

---

67 SAINT SYMÉON. "Le Nouveau Théologien". In: *Catéchèse*, XX, p. 24-26.

escolhas – aquela da vida religiosa ou consagrada supostamente compromete mais profundamente na exigência do amor a Deus –, mas todos, individual e coletivamente, somos responsáveis e estamos implicados da mesma maneira no uso que fazemos do poder de nossos desejos. Diante da bulimia desenfreada que nos espreita, cada qual tem dentro de si a virtude da temperança. Mas, cuidado: a temperança só é virtuosa quando o amor de Deus a inspira.

Desejo e pobreza

O desejo de Francisco e de seus irmãos de encontrar o Deus de amor anunciado e vivido por Jesus Cristo garantiu suas chances de êxito graças à abertura ao mundo e aos outros num total desejo de serviço e de fraternidade. Como homens de partilha, eles se opõem ao que a terra nega aos seus filhos. Eles pedem que ela possa fazê-los viver.

> E quem *lhes tirar a veste,* não lhe proíbam também de tirar a *túnica* (cf. Lc 6,29). *Tenham atenção para com todo aquele que lhes pede: e se alguém lhes tirar as coisas que são suas, não as peçam de volta* (cf. Lc 6,30) (RnB 14,5-6).

Eles apenas possuem os bens necessários à sua vida de homens e aos trabalhos. Eles constatam que podem viver na suficiência material sem lesarem outros seres humanos. Eles nada mais pedem e nenhum deles se apropria dos bens enquanto indivíduos. E quando é necessário separar-se de um bem em vista do interesse comum, o fazem. Isto conduz à paz e à partilha fraterna. Esta experiência desperta neles uma confiança na vida e nos outros e os livra do medo de amar e de entregar-se totalmente.

É óbvio que tal atitude suscita incompreensões, o que não impede os irmãos de perseverar em seu engajamento. Eles reconhecem que é mais fácil superar o desprezo do que o elogio.

> E restituamos todos os bens ao Senhor Deus altíssimo e sumo e reconheçamos que todos os bens são dele e por tudo demos graças a ele, de quem procedem todos os bens (RnB 17,17).

Francisco insiste que os bens devem contribuir para o interesse comum. Ele proíbe aos irmãos cargos de direção. Pede-lhes que permaneçam "menores" e recusem "tornar-se importantes".

> Todos os irmãos, em quaisquer lugares em que estiverem para servir ou trabalhar em casa de outros, não sejam nem tesoureiros nem despenseiros[68] nem tenham cargo de direção nas casas em que servem; nem aceitem algum ofício que provoque escândalo ou que *cause dano à sua alma* (cf. Mc 8,36); mas sejam menores e submissos a todos que estão na mesma casa (RnB 7,1-2).

O sentido da pobreza não se limita apenas ao campo material; os irmãos são pobres, mas não devem correr o risco de morrer de fome nem de frio. Cada um deles deve oferecer ao outro os cuidados de uma mãe quando estiver passando por necessidades.

Se Francisco se ocupa prioritariamente dos doentes é porque a doença, para um pobre, significa o fim de seus dias. De fato, em sua época, um pobre carecia de sustentação material, mas também de consideração. Ele não era apoiado por seu entorno, nem nas necessidades físicas nem nas sociais.

A pobreza para um irmão pode revestir-se de outra imagem. Quando um irmão vai cuidar de doentes, estes nem sempre têm um odor agradável, e suas vestes quase sempre estão em maus estados. Num mundo em que a aparência e a veste têm tanta importância, o doente pobre faz triste figura. E até mesmo quando pede alimento, é olhado com desprezo. Como continuar vivendo *"alegres no Senhor"* (cf. Fl 4,4) e mostrar-se aos seus irmãos "sorridentes e convenientemente simpáticos"? (RnB 7,16). Uma experiência triste da pobreza, portanto, pode engendrar um grande sofrimento e um profundo desencorajamento.

Não obstante tudo, Francisco persiste e persevera no caminho da pobreza, por amor a Cristo. Esta mensagem ele a dirige a nós

---

68 O tesoureiro tem o encargo das finanças, ao passo que o despenseiro tem o ofício de escrivão, é o secretário.

todos. Talvez possamos nos inspirar nela para levarmos adiante o seu movimento que tanto transformou a relação dos homens entre si. Nós, de fato, temos a possibilidade real de experimentar a virtude da pobreza, nem que seja para nos aliviar de nossas abundâncias desnecessárias. Vale lembrar que o peso é o inimigo número um do peregrino. Quanto maior a carga, mais rápido o cansaço.

> O que tens em mente, esquece; o que tens na mão, oferece; o que te acontece, não busque esquivar-te[69].

O homem é feito para Deus

A criatura foi feita para realizar suas obras por Deus, de acordo com Deus e para Deus, movido pelo Amor do dom de si que se realiza no próprio aniquilamento diante do outro, e sem esperar retribuição recíproca. Mas também na não afirmação de si contra o outro, tampouco buscando suplantá-lo, ou querer ser mais forte e mais belo do que ele.

O que nos coloca em movimento é o desejo de Deus por sua criatura. É nosso desejo de Deus que nos dá a força para fazer bom uso dos poderes da alma na luta espiritual. Sem esta reciprocidade de desejo e de amor, a vida não pode desabrochar e a semelhança não pode se realizar. Se sabemos humildemente nos reconhecer simples criaturas sob o olhar de Deus Criador, não hesitamos mais em dizer-lhe: "Eu te desejo, Senhor, à minha medida, e Tu me desejas apaixonadamente; eu te amo, Senhor, miseravelmente, e Tu me amas infinitamente. Por isso, tudo é possível contigo". A potência que deseja se torna ancoragem do amor de Deus em nós.

Ao retirar-se para um lugar deserto para meditar[70], Francisco "alcança de maneira inefável a intimidade com Deus" (1Cel 91), e ousa exprimir seu supremo desejo:

---

69 Abu Saïd Ibn Abi'L Kain, grande mestre espiritual persa nascido em 957/967.
70 Ao Alverne.

[...] saber de que modo, em qual caminho ou com qual desejo poderia unir-se mais perfeitamente ao Senhor Deus (1Cel 91,5).

Possuindo o espírito de Deus (cf. 1Cor 7,40), o homem estava preparado para padecer todas as angústias do espírito e para suportar todos os sofrimentos do corpo, se finalmente lhe *fosse permitido* (cf. Js 24,15) que nele *se cumprisse* misericordiosamente *a vontade do Pai celeste* (cf. Mt 6,14; 12,50) (1Cel 92,4).

Sua alma experimenta no mais profundo de seu íntimo a vida divina e consente deixar que Deus haja nela. Ele pede para sofrer através dele. O sofrimento por Deus, em sua carne, em seu ser, é sua vida e sua bem-aventurança. Nisto Francisco é filho de Deus. Nisto toda criatura humana que sofre e age para Ele é filha de Deus.

Potência irascível: amor-próprio, coragem, renúncia e paz

Quando a potência irascível se desvia de seu objetivo, ela se caracteriza pelo amor-próprio e pela tentação da possessão, embora ela nos tenha sido dada como uma força de determinação, de agrupamento de energia a ser aplicada em um só ponto, Deus, a fim de lutar por Ele e com Ele.

Francisco não sente falta das forças de combate. Tampouco seus companheiros. Eles trilham corajosamente as vias de Nosso Senhor Jesus Cristo e lutam para assumir as rédeas do próprio destino de homens. Eles se comprometem. Com ousadia apresentam o próprio estilo de vida que querem levar ao Papa Inocêncio III, que se deixa convencer pela referência ao Evangelho: Francisco e seus companheiros se associam a Jesus Cristo e seguem seu projeto de vida. Independentemente das oposições que encontravam pelo caminho, esses frades menores colocavam em prática o que haviam decidido ser. Vendiam o que tinham e davam aos pobres, se encontravam consigo mesmos, abandonando inclusive alguns cuidados necessários à própria vida.

É pelo uso da potência irascível que eles dão provas da necessária determinação para levar a bom termo a própria luta.

Apesar dessa exigência Francisco conserva a preocupação da vida cotidiana e da organização fraterna de seu movimento. Ele e seus confrades estabelecem um novo conjunto de relações com as pessoas e com os bens. Por exemplo: em troca do trabalho, eles podem receber tudo o que lhes é necessário, exceto dinheiro. Eles certamente devem pagar o preço de tal opção, mas permanecem livres para dar ao próprio movimento a orientação na qual se comprometeram diante de um sistema econômico cujos valores denunciam.

A paz e a renúncia são vinculadas a Jesus Cristo

> Porque ele é a nossa força e fortaleza, ele é o único bom, o único altíssimo, o único onipotente, admirável, glorioso e o único santo, louvável e bendito pelos infinitos séculos dos séculos. Amém! (2Fi 62).

Sem a potência irascível, sem a *santa cólera* diante do inimigo que quer desviar nossa reta vontade, sem esse agrupamento de energia que nos permite expulsar os "mercadores do templo", caímos nas condescendências ou acordos e deixamos de lutar pela paz. O Espírito do Senhor é a nossa força: ele nos faz agir sem odiar, agir por amor.

É neste espírito que Francisco pratica a via da abnegação. O termo "abnegação" aparece ao longo de toda a sua vida e de sua luta. Ele teve que renunciar a si mesmo, aos seus grandes objetivos e aceitar ser e estar entre os menores deste mundo. Também teve que renunciar à saúde, ao seu projeto missionário, ao seu desejo de martírio, ao seu olhar sobre o destino da Ordem e, sobretudo, à uma fé tranquila.

Assim podemos imaginar melhor a razão pela qual ele, para além de sua fraqueza física e de sua falta de instrução, se apresenta com qualificativos diminutivos e depreciativos: vil, ignorante, simplório, *idiota* (Ord 39). Compreendemos também que, com estas palavras, Francisco não se destrói; ele nomeia seus instrumentos de cura, os neutralizadores das paixões que o atormentam. Sempre à escuta da pedagogia divina que lhe dá força, ele busca encontrar sua mais profunda humanidade e aceita adentrar em seus recônditos mais íntimos. A graça agindo no cerne da tentação diminui suas pretensões. Por conseguinte, mesmo se as circunstâncias o obrigam a assumir a humildade, fará dela uma escolha espiritualmente.

A grande lição espiritual

Crescendo os méritos de São Francisco, crescia também a discórdia com *a antiga serpente* (cf. Ap 12,9). Pois, quanto *maiores os carismas* (cf. 1Cor 12,31) deste, mais sutis as tentações daquele, e mais pesadas guerras se moviam. E, embora muitas vezes [o demônio] tivesse comprovado que o valoroso *homem de guerra* (cf. Is 3,2) não *tinha cedido por um momento sequer* (cf. Gl 2,5) ao certame, no entanto, ainda tenta sempre agredir o vencedor. – Numa ocasião foi enviada ao santo uma gravíssima tentação do espírito, certamente para aumento de sua coroa. A partir de então, *angustiava-se e enchia-se de dores, afligia* (cf. Hb 11,37; Jó 7,4) e macerava o corpo, rezava e chorava amargamente. – Combatido durante muitos anos desta maneira, enquanto rezava num dia em Santa Maria da Porciúncula, ouviu em espírito uma voz: "Francisco, *se tiveres fé como um grão de mostarda, dirás ao monte que se desloque e ele se deslocará*" (cf. Mt 17,19). Respondeu o santo: "Senhor, qual é o monte que eu quereria deslocar?" E de novo ouviu: "O monte é tua tentação". E ele disse em lágrimas: "*Senhor, faça-se em mim* (cf. Lc 1,38) como dissestes!" Repelida imediatamente toda tentação, ele se torna livre e se tranquiliza totalmente no seu íntimo (2Cel 115,1-9).

Francisco é assediado por vários anos pela mesma tentação. Pesada em seu espírito e provavelmente também em seu corpo, ela assume a altura de uma montanha e o desestabiliza. Ao invés de usar os bons instrumentos de combate, ele se condena, se maltrata e enfrenta a tormenta com suas próprias forças. O Senhor vai socorrê-lo colocando-lhe no coração o bom uso da potência irascível, mostrando-lhe o caminho da cura. Ele lhe dá a verdadeira força contra a tentação e o remédio a ser aplicado: a fé e o grão de mostarda.

O Senhor o conduz à pequenez que permite à alma deixar-se conduzir, o recoloca em terra firme e na fonte da vida, lá onde todas as coisas nascem.

O grão de mostarda começa seu processo de crescimento ao ser colocado na terra. Ele aí se deixa depositar e aceita sua nudez, seu enterramento no humus. Em seguida necessita de água: "Dá-me de beber"[71]. Quem primeiro se desenvolve são as raízes, o mundo interior e invisível, âncora que prepara para a vida. As hastes frágeis e os membros exteriores vão aparecendo, testemunhando assim o vigor vital. Enfim, as folhas, filhas e filhos das hastes, em seguida as flores com seu néctar, seu perfume e sua beleza exalando vida. Sob o crescimento da seiva – a fé – tudo se fortifica, se alarga, cresce, se alonga, se desenvolve e se orienta para o céu. Aos poucos o grão de mostarda vai se tornando árvore e os frutos vão aparecendo. Seus ramos, como os braços de uma mãe, carregam os ninhos dos pássaros, suas folhas protegem do sol os animais e os homens e seus frutos alimentam abundantemente.

Esta parábola explica bem Francisco de Assis desde o momento em que ele fixa amorosamente seus pés na terra dos homens até o dia em que põe seus olhos frágeis e ao mesmo tempo maravilhados sobre a obra da criação.

Fruto do conhecimento e da libertação. Como Francisco liberta um irmão da tentação

> Certa vez, ao sentar-se sozinho com o santo, disse-lhe um irmão que era atacado por uma tentação: "*Reza por mim* (cf. 1Rs 13,6; 1Ts 5,25), benigno pai; creio, na verdade, que serei libertado imediatamente das *minhas tentações* (cf. Lc 22,28), se te dignares rezar por mim. Na realidade, sou afligido acima de minhas forças e sei que isto não te é oculto". Disse-lhe São Francisco: "*Acredita em mim* (cf. Jo 4,21), filho; creio que por causa disto é mais *servo de Deus* (cf. At

---

71 Jo 4,7: Parábola do Samaritano.

16,17), e saibas que, quanto mais tentado, mais [serás] amado por mim". E acrescentou: "Verdadeiramente te digo, ninguém deve considerar-se *servo de Deus* enquanto não *tiver passado por tentações e tribulações* (cf. Jt 8,23). A tentação vencida é de algum modo o anel com que o Senhor desposa *a alma de seu servo* (cf. Sl 85,4). Muitos se gabam dos méritos de muitos anos e se alegram de não ter padecido tentação. Mas que eles saibam que a fraqueza de seu espírito foi levada em conta pelo Senhor, porque antes mesmo do combate só o terror os esmagaria. Pois somente se travam fortes batalhas, onde há virtude perfeita (2Cel 118,1-8).

Irmão Francisco, através de seu combate espiritual – sua história santa –, nos leva a um caminho de libertação e de cura para além de todo o peso do sofrimento. Sua grandeza é a do grão de mostarda e sua coragem a do menor dos menores que se abandona. Ele pode sentir-se miserável e ao mesmo tempo imagem de Deus, e capaz de fazer com que ela brilhe nele. Ele não renega sua humanidade e não nega sua fraqueza, ele caminha com ela. Caminho de santidade. Sede do Absoluto.

Potência racional: inteligência intelectual e conhecimento; razão, prudência e humildade

O desejo de dominação e a tentação de poder caracterizam a potência racional desviada de seu objetivo. Eles nos são dados para que saibamos analisar nosso comportamento, alargar nossa visão, purificar nossos pensamentos e entrar na compreensão do sentido de nossa vida.

O que aparece em São Francisco é sua reflexão espiritual; isto é, sua capacidade de interrogar o Senhor. Ao invés de mostrar uma grande segurança ou um grande saber ou fiar-se em seus próprios sentidos, Francisco tem a prudência de se instruir diante de Deus, de comunicar-lhe seus pensamentos e interrogações, o que lhe permite ajustar-se à Sua graça. Ele conhece o perigo que consiste em negar a presença da graça ou tentar eliminar a intervenção divina. Para ele, isto não passa de um orgulho espiritual e de uma avareza sacrílega. Sua atitude humilde o ajuda a compreender que o Senhor, em sua misericórdia, está atento às nossas imperfeições, sabe esperar, conhece nossa disposição de espírito e de coração. Ele descobre que a não presença de Deus é uma resposta.

Assim, ignorante é aquele que acredita saber. Francisco nada "sabe" de Deus; ele se deixa invadir pela Palavra para que ela faça emergir nele a verdadeira inteligência: a do coração.

> É urgente aprender de novo a ter a coragem e a humildade da imperfeição[72].

> Ela [a prudência] discerne efetivamente todos os pensamentos do homem e seus atos, examina e vê claramente o que devemos fazer[73].

Francisco interroga o Senhor, mas também dispõe de uma vasta rede social, composta de irmãos, irmãs, amigos e inúmeras pessoas encontradas pelo caminho. Ele questiona, pergunta, ouve. Nele não existe nenhum desejo de dominação, nenhum espírito de poder, tampouco impõe limite ao conhecimento do outro: é assim que o pobre de Assis consegue chegar ao essencial. Tudo é dom, tudo é graça! Ele é o oposto da pessoa fechada em seu amor-próprio, tão característico daquele que pensa que "sabe". O homem não pode realizar-se sem a presença de Deus ou dos irmãos e irmãs: enquanto ser de relações, ele necessita dos outros.

> Verdadeiro menor, que aprendera grandes coisas do supremo Mestre, não se envergonhava de perguntar as pequenas coisas aos menores. Pois, com especial empenho costumava perguntar por qual via e por qual modo poderia servir a Deus mais perfeitamente segundo o beneplácito dele. Esta foi sua suprema filosofia, este foi seu maior desejo, enquanto viveu: perguntar aos sábios e aos simples, aos perfeitos e aos imperfeitos, aos pequeninos e aos grandes como podia chegar mais virtuosamente ao ápice da perfeição (LM 12,2).

---

72 RATZINGER, J. *Église, oecuménisme et politique*. Paris: Fayard, 1987, p. 267-290.
73 CASSIEN, J. *Conférences*, II, 2.

Prudência e fidelidade na opção de vida da Ordem

Francisco desenvolve uma ciência que se harmoniza com sua intenção de fundo, que é seguir o Evangelho de Nosso Senhor Jesus Cristo. Nenhum poder, orgulho ou glória efêmera nessa atitude. Entretanto, diante do comportamento de alguns frades que começam a deixar-se fascinar pelos prestígios do saber, ele deve intervir. E se apoia na Escritura para propor-lhes um modelo de estudo: "A Letra mata, o espírito dá vida" (2Cor 3,6). Ele desaprova assim toda prossecução da ciência que visa a adquirir para si honras e riquezas. Mas reconhece o estudo dos que oferecem a Deus toda ciência, a quem todos os bens pertencem.

> Eu, Frei Francisco, saúdo a Frei Antônio, meu bispo[74]. Gostaria muito que ensinasses aos meus irmãos a sagrada teologia, contanto que nesse estudo não extingam o espírito da santa oração e da devoção, segundo está escrito na Regra. Passar bem (Carta a Santo Antônio de Pádua).

Ele exclui da ciência franciscana qualquer vantagem social, pois esta é contrária ao "espírito [que] dá vida". A ciência deve esclarecer e apoiar os irmãos para que se façam servidores de todos.

> Sai depressa pelas praças e ruas da cidade e traze aqui os pobres, aleijados, cegos e coxos (Lc 14,21).

Ele não rejeita a ciência eclesiástica, mas tem consciência que, em suas formas canônicas e teológicas, ela dá provas de inexperiência em relação a determinadas questões sobre a vida, visto que nossa humanidade se manifesta através dos acontecimentos concretos do cotidiano, lugar de imersão de nossa profundidade no coração da existência. O saber não poderia substituir a existência.

> Eu te louvo, Pai, Senhor do céu e da terra, porque escondeste estas coisas aos sábios e entendidos e as revelaste aos pequeninos. Sim, Pai, porque assim foi do teu agrado (Lc 10,21).

---

74 Antônio de Pádua. Na Idade Média, o título de bispo às vezes era atribuído aos que exerciam oficialmente o ministério da pregação.

Nada saber, desprover-se de todo saber, eis a verdadeira pobreza que conduz a alma diretamente ao coração de Deus. Nisto certamente reside o segredo do apóstolo e daqueles que têm o "espírito de pobre". Aquele que fala, portanto, deve constantemente aprender a desaparecer. Não seria este o grande remédio espiritual a receitar à potência racional quando esta se desvia de seu objetivo? É, portanto, pelas virtudes da humildade e da prudência e pelo discernimento que podemos fazer bom uso desta potência da alma.

A posição de Francisco é profundamente evangélica e dá provas de independência. Liberdade de um homem nascido em Deus, que ama a Deus e todas as coisas e realiza sua missão não por recompensa ou qualquer reconhecimento humano, mas somente por Deus e por amor ao seu próximo.

V

Trabalhar com o capital espiritual dado por Deus

A luta interior

A inteligência do coração

Para aprender a fazer bom uso deste capital espiritual, precisamos de ajuda para pousar um olhar claro sobre nosso estado interior e sobre nossa situação e para entrarmos no desejo de trilhar um caminho de transformação.

Desde a primeira etapa de sua caminhada espiritual, em sua oração dirigida ao Cristo de São Damião, Francisco se reconhece desconhecedor de si mesmo, do outro e de Deus, mas também do mundo. No entanto, ele se reporta permanentemente à Escritura. A Palavra é viva e age no coração dos simples.

- Ele pede a *visão* para descobrir a dimensão das trevas de seu coração (Sl 18,29).
- Ele pede o *auxílio das virtudes* da fé, da esperança e da caridade (1Cor 13,13), pois pressente que sem Deus, sem a potência das energias divinas, ele nada pode.
- Ele pede a *inteligência do coração* (Sl 119,34) para que um desejo maior que os outros desejos humanos o habite: maior do que ele, maior do que sua posição social ou honras e títulos, maior do que sua riqueza. Ele deseja ardentemente a Luz. O Espírito Santo suscita nele a busca da dimensão espiritual e libera o espaço de seu coração. Esta abertura de coração fará de Francisco um grande evangelizador. Ele não

propõe uma doutrina, mas se faz testemunha de um projeto de vida tirado do Evangelho, assumindo-o para si.

• Ele quer observar a lei e os mandamentos de seu Senhor, pois "todos os mandamentos são verdade" (Sl 119,86). Francisco compreende que homem algum detém a verdade.

Enquanto o homem não enxerga, não reconhece e não aceita que é responsável por sua situação e por seu estado, enquanto ele não escuta o Íntimo que lhe fala, ele não compreende as disposições que se impõem para comprometer-se num processo de cura interior. A cura se funda na inteligência do coração e no desejo de progredir na via da liberdade e do amor.

É porque Cristo alcança o mais íntimo das misérias humanas que ele pode reerguê-las, conquanto elas o busquem, sem negar o que realmente são. Deus, para nascer e renascer em cada pessoa, necessita dela.

Francisco teve que percorrer um longo caminho

Tomás de Celano relata a luta interior de Francisco durante sua vida religiosa e a associa aos seus esforços ascéticos e de superação de si mesmo, luta que mostra o lado sombrio de sua existência: o orgulho, a necessidade de honra, a gula em detrimento do jejum. No entanto, os biógrafos falam pouco das autoacusações do santo para não manchar a afirmação de sua santidade[75].

> Francisco, *o homem de Deus* (cf. 1Sm 9,6.10), fora instruído a não buscar as suas coisas, mas principalmente as que vise parecerem melhores para a salvação dos outros; e desejava acima de tudo *aniquilar-se e estar com Cristo* (cf. Fl 1,23). Por esta razão, seu maior empenho era estar livre de tudo *que há no mundo* (cf. 1Jo 2,15) (1Cel 71,1-2a).

Existe uma indicação de caráter que emerge do estudo dos escritos e das palavras deste homem: sua perseverança e sua obstinação.

---

75 Cf. BRUNETTE, P. *Essai d'analyse symbolique des admonitions de François d'Assise*. Montreal: Université Pontificale Grégorianne, 1989 [Tese de doutorado].

Custe o que custar, Francisco deseja a Deus. Até ao leito de morte e sabe que não passa de um simples homem, mas um homem em devir, que trabalhou e lutou com todas as suas forças para fazer brilhar nele a imagem de Deus e para testemunhar sua semelhança.

Francisco denuncia sua condição de pecador

Esta atitude forjou sua grande lucidez, muito embora, em certas travessias, ele tivesse que recorrer ao auxílio dos confrades ou aos conselhos de sua irmã Clara. Esta lucidez sobre si mesmo o tornou profundamente solidário com a condição miserável e pecadora das pessoas. Ao invés de criticar, de julgar ou deixar-se levar pela decepção ou pela condenação, ele sempre se esforçou em desvendar aquela realidade das pessoas que mina o coração do irmão e da irmã e de todos nós diante de Deus, que denominamos pecado. Justamente por considerar-se pecador é que ele se sentia em condições de acolher a misericórdia de Deus em relação às próprias trevas pessoais. Nisto sua experiência nos ensina.

Os ambientes de fraternidade não podem ter uma existência espiritual e humana senão reconhecendo e aceitando humildemente os aspectos sombrios de seus membros. Este reconhecimento e aceitação são benéficos e permitem que a graça e a luz divina se revelem em cada membro.

> É preciso ter sido encontrado na condição da mulher adúltera em pleno pecado e escândalo, ou na condição de Mateus em sua cobrança vergonhosa de impostos, ou na condição de Zaqueu que em sua solicitude concentrava o desprezo e a inveja dos outros, ou na condição de Lázaro em estado de plena putrefação... Somente encontrados neste estado é que saberemos que Deus nos amou da forma como fomos, da forma como somos e sempre o seremos, e que jamais, em razão de nossa indignidade, perderemos este amor que nos amou, não obstante indignos[76].

---

76 Eusèbe-Henri Ménard, ofm, *Une vie offerte*, op. cit., n. 83. p. 79.

Francisco denuncia o que para ele é o pecado fundamental, o pecado de apropriação em todas as suas formas: vontade própria, apropriação, vanglória e honra, inveja e desejo de cargos etc. Numa palavra: ele denuncia o ter, a vanglória e o poder, que não passam de reflexo das potências – desejante, irascível e racional – desviadas de seus objetivos. Além disso denuncia o supérfluo e a dureza de coração[77].

Suas insistências sobre o perigo da vontade egoísta e do desejo de apropriação deixam entender que ele teve que renunciá-los. Por exemplo: na gruta perto de Assis, que assiduamente frequentava, ele enfrentou sua dúvida e medo diante das consequências de um eventual compromisso que deveria assumir (1Cel 6).

Consciente de suas imperfeições e desejoso de libertar-se principalmente do pecado, Francisco, visando a alcançar a salvação, passa a experimentar na própria pele o sofrimento:

> [...] alternavam-se [nele] pensamentos vários, e a importunação deles perturbava-o duramente (1Cel 6,10b).

Desta forma, Francisco descobre que os movimentos passionais causam sofrimento. Em sua memória certamente ainda pairavam as lembranças da doença contraída em seus tempos juvenis na prisão, mas este era outro tipo de sofrimento.

Seu atual contato com os leprosos lhe exige uma inversão de valores: priorizar as necessidades dos desamparados, e não os da sua classe social.

Confrontado com outras perspectivas de vida, portanto, e com a perda do que até então poderia fazer dele "alguém de renome", Francisco finalmente sente-se obrigado a uma decisão: dela dependeria a emergência do movimento franciscano. Graças ao seu sim, alguns anos depois de seu encontro com o leproso, milhares de frades menores se reuniram para celebrar seu primeiro encontro, historicamente conhecido como "capítulo das esteiras".

---

77 Cf. Ad 2,3; 4,3; 6,3; 7,2; 8,3; 9,2; 11,2; 12,2; 14,1-4; 18,2; 19,3-4; 27,3.

Vale lembrar também que Francisco foi demitido como ministro geral de sua Ordem. Sua demissão, no entanto, não o desautorizou. Muito embora tenha sido interpretada como um gesto de humildade, ela deve ser interpretada à luz dos fatos; isto é, do movimento de contestação interna a Francisco.

O "Se eles seguissem as minhas pegadas" (2Cel 188), assume um ar de reprovação e de uma amarga decepção em relação à Ordem.

O grito que ele lança em seu leito de morte: "Quem são estes que arrancaram de minhas mãos minha religião e a de meus irmãos (minha Ordem)?" traiu seu instinto possessivo e a constatação de seu fracasso. Francisco é humano, ele não se resigna e sofre. Nosso trabalho de santidade é também o de um santo. Nossa luta se origina em nosso ferimento, em nosso drama humano e em nossa história.

Paixões humanas, combate e sofrimento se entrechocam. Francisco cai e se levanta sem cessar. Ele sabe que existe nele um lugar profundo no qual Deus está presente: o coração. Sua alma nele se retira e se abandona.

Perigo das "terras vizinhas"

Francisco se serve da Parábola do Semeador para advertir seus confrades que, confrontados com as realidades no trabalho e no serviço, podem ser desviados do essencial. Para ele, a *terra* da parábola simboliza os irmãos e a *semente* suscita, por suas evocações de gestação e de crescimento, um devir. Assim, ele não descarta os perigos das terras vizinhas estéreis. Claramente ele formula sua advertência: apesar do ideal, apesar de nosso compromisso e de nosso sim, apesar de nosso desejo sincero de viver o Evangelho de Jesus Cristo, as resistências existem. Isto vale para todos. Os valores temporais não nos devem escravizar (cf. RB 5).

> E acautelemo-nos muito da malícia e da esperteza de satanás que quer que o homem não tenha sua mente e o coração dirigidos para Deus. Ele, rodeando, sob a aparência de

> alguma recompensa ou de ajuda, deseja arrebatar o coração do homem e sufocar-lhe na memória a palavra e os preceitos do Senhor, querendo também, através dos negócios e de cuidados mundanos, obcecar o coração do homem e aí habitar [...]. Portanto, irmãos todos, guardemo-nos muito para que, sob a aparência de alguma recompensa ou de obra ou de ajuda, não percamos ou afastemos do Senhor a nossa mente e o nosso coração (RnB 22,19-21.25).

Esta advertência nos faz pensar em todos esses jovens que recebem uma educação cristã e que, duramente tentados pelas "terras vizinhas", se desviam cada vez mais cedo "da Palavra e dos preceitos do Senhor". Estariam os jovens perdendo o ideal? Certamente não! A fé que subsiste nos corações mais antigos seria suficiente para reconduzi-los à fé? Qual é o valor de nosso testemunho de vida? Temos suficientemente fé para elevar os braços e testemunhar o Senhor nos apoiando na Palavra?

Perigo do vício da singularização

É necessário evitar a singularização, que é um belo precipício. É o que apareceu à experiência em vários personagens singulares, que acreditaram subir aos céus ao passo que estavam se afundando nos abismos.

> Havia um irmão – o quanto parece exteriormente – insigne por um modo de vida de exímia santidade, mas muito singular. *Dedicando-se à oração* (cf. 1Cor 7,5), durante todo o tempo, observava o silêncio com tanto rigor que costumava confessar-se não com palavras, mas com acenos [...]. E a todos que o exaltavam e *engrandeciam* (cf. Lc 4,15) o pai responde: "Deixai, irmãos, e não me venhais louvar nele as representações diabólicas (2Cel 28,1-3.6).

É interessante constatar que a primeira reação dos irmãos é negativa em relação ao olhar puro e profundo de Francisco. Eles opõem uma resistência ou um desacordo. Reação de vaidade e orgulho.

> Os irmãos *receberam isto com dificuldade* (cf. Gn 21,11), principalmente o vigário do santo. Dizem: "E como seria

verdade que em tantos sinais de perfeição estivessem em jogo enganos fraudulentos?" (2Cel 28,9-10).

Tomás de Espoleto, outro exemplo de singularidade enganosa:

> Todos tinham a respeito dele sã opinião e firme sentença de santidade. Finalmente, a apostasia comprovou o juízo do santo pai a respeito dele, juízo de que ele era perverso. Não perseverou por muito tempo, porque não permanece por muito tempo a virtude buscada com fraude (2Cel 29,2-4).

Francisco tem uma consciência viva do pecado que pode crucificar o próprio Cristo.

Ele sofre por Deus e através de Deus e não quer crucificar o Cristo. Disto emerge sua verdadeira força de combate (cf. Ad 2 e 5).

> Presta atenção, ó homem, à grande excelência em que te colocou o Senhor Deus, porque te criou e te formou à *imagem* do seu dileto Filho segundo o corpo e à sua *semelhança* segundo o espírito (cf. Gn 1,26). E todas as criaturas que existem sob o céu, à sua maneira, servem, reconhecem e obedecem ao seu criador melhor do que tu. E também não foram os demônios que o crucificaram, mas tu, como eles, o crucificaste e ainda o crucificas, deleitando-te em vícios e pecados (Ad 5,1-3).

Quando morremos para nós mesmos, enfrentamos o sofrimento. A graça leva à esta intimidade que faz com que experimentemos o sofrimento de Cristo. É Cristo que então sofre em nós, é sua agonia, sua luta, a luta pela Vida que se torna a nossa luta. Somos assim invadidos por Jesus crucificado[78].

Sabemos que Francisco combateu o demônio, inclusive corpo a corpo.

> Fogem, na verdade, os soberbos demônios das excelsas virtudes dos humildes, a não ser quando alguma vez a divina clemência permite que sejam *esbofeteadas* (cf. 2Cor 12,7) para guarda da humildade, como Paulo escreve de si mesmo e Francisco provou por experiência própria (LM 6,10).

---

78 Cf. nosso livro *La déposition* – Parcours spirituel à l'école de saint François d'Assise. Op. cit., p. 118.

Este homem não somente *era atacado pelo demônio* (cf. Lc 22,31) com tentações, mas também lutava com ele corpo a corpo. [...] quando queria repousar, *depois de ter derramado sua oração* (cf. 2Cr 6,19) diante de Deus, vêm os demônios e travam batalhas hostis contra *o santo de Deus* (cf. Lc 4,34) (2Cel 119,1.3).

Pensemos em sua angústia espiritual, no peso de suas penitências, no desencorajamento diante da doença, no desgosto ou na tristeza, nos desejos carnais etc... Assim, quando Francisco exorta a "manter em seu poder o inimigo"[79], não fala alegoricamente. Ele identifica, a partir de sua vida, o centro obscuro em cada um de nós; isto é, todo o potencial de fechamento para Deus, tudo aquilo que nos afasta ou nos separa de Deus. Seu ensinamento e seu exemplo de luta supõem uma grande lucidez e uma consciência vigilante. Ele não somente pede aos seus frades para dar nome às forças desintegradoras da personalidade[80], mas exige deles que as considerem, a fim de que o demônio seja enfrentado; isto é, vigiado e combatido.

Não escamoteemos essas forças, aceitemos sua existência e, sobretudo, não tenhamos a pretensão de estarmos livres delas nem nos acreditemos inatacáveis ou inalcançáveis. Quanto mais nos colocamos ao abrigo, mais estamos em perigo. Tudo aquilo que opõe o homem a Deus nos arrebenta, nos prejudica e nos divide, ao passo que nossa meta é nos dirigirmos para Deus. Sabemos por experiência que, quanto mais reconhecemos o mal, mais podemos falar da proximidade de Deus. É o que Éloi Leclerc diz magnificamente por esta bela imagem de um duplo movimento: "Um imenso estímulo para o alto, para o Altíssimo, ligado a uma descida para as profundezas e para uma comunhão com o que existe de mais humilde"[81].

---

79 Ad 10, citado no capítulo III, "As relações interpessoais".

80 BRUNETTE, P. *Essai d'analyse symbolique des admonitions de François d'Assise.* Op. cit., p. 255.

81 Podemos medir essa dupla profundidade a partir das *Admoestações* e da análise do *Cantique de Frère Soleil.* Cf. LECLERC, É. *Cantique des créatures.* Paris: Desclée de Brouwer, 1988, p. 165.

Desafios e limites

O que impressiona em Francisco, é o realismo diante das dificuldades encontradas por todo discípulo de Cristo. E isto numa relação de força com seus desafios e limites. No entanto, no combate espiritual, as provações impostas do exterior não devem desviar de um mal interior mais constante; isto é, do egoísmo próprio de cada um.

Quando ele diz: "Bem-aventurado o homem que, na medida de sua [própria] fragilidade, suporta seu próximo naquilo que gostaria de ser suportado por ele" (Ad 18,1), ele espera que reconheçamos nossos males individuais no outro. Para ele, fragilidade significa fraqueza, insuficiência humana, imperfeição, variabilidade, deficiência. Em resumo, tudo aquilo que é defeituoso na natureza do homem[82].

Uma coisa é certa: o desejo de purificação que Francisco experimenta está à altura de seu desejo de Deus. Lembremos: "E desejava acima de tudo *aniquilar-se e estar com Cristo* (cf. Fl 1,23) (1Cel 81,1b). Para tanto ele desenvolve uma verdadeira teologia trinitária do Amor, porque sabe que o humano não pode existir espiritualmente senão entrando em comunhão com as três Pessoas divinas, pelo conhecimento do amor.

Com efeito, por seu combate espiritual e o de seus irmãos, ele pode constatar que, quanto mais uma criatura está próxima de Deus, mais sua unidade, sua verdade e sua bondade participam das perfeições divinas do Pai, do Filho e do Espírito. Para o santo de Assis, a teologia não tem outro objetivo senão a contemplação da Trindade, contemplação do Amor.

> Deus se manifesta e se faz testemunha de si mesmo pelo vestígio da onipotência, da sabedoria e da boa vontade que aparece em todas e em cada uma das criaturas. Nenhuma, com efeito, é desprovida de potência, verdade, bondade.

---

82 Cf. ESSER, K. *Le ammonizioni di S. Francesco*. Cedis, 1974, p. 245, 248-249.

Deus – Pai-Filho-Espírito – se manifesta e testemunha a si próprio na universalidade dos seres criados[83].

A iniciativa de Francisco

Francisco nomeia, põe limites e indica os remédios espirituais que podem manter o homem em sua dimensão antropológica de ser criado à sua imagem e semelhança. Diante do pecado e do Mal, sua visão unificada lhe permite descrever as consequências espirituais e relacionais e reconhecer o local do ferimento e do sofrimento, da culpabilidade ou do não perdão. E o acesso aos meios de conversão.

• À busca egoísta de altos cargos, reputação e elogios, de bens e inclusive do bem, ele opõe a prática do serviço do lava-pés, da minoridade e da obediência. Sobre este tema São Boaventura falará de *diminuição* ou de retorno a Deus.

• A todas as formas exageradas de apropriação ele privilegia a via evangélica da minoridade: serviço, humilde, introspecção de si. Sejam *"pequenos e menores"*, diz ele aos frades, e *"damas pobres"*, para Clara e suas irmãs. É o contrário da vanglória, através da qual buscamos por todos os meios ser vistos.

• À arrogância que busca mascarar os distúrbios e a raiva, prega a humildade, a paciência, a obediência, a caridade, o amor silencioso e exemplar.

• À acumulação do saber e das riquezas, opõe o despojamento de si e a entrega de tudo ao Senhor.

Estas são as suas respostas. Ele recebeu seu capital de graça e não a desperdiçou. Façamos o mesmo. Se entrarmos neste caminho, todos nós podemos tirar proveito.

A via "de baixo" nos recoloca no bom e longo caminho da perseverança. Francisco está muito bem posicionado para saber que o

---

83 SAINT BONAVENTURE. *Breviloquium* – 1: La Trinité de Dieu. Paris: Franciscaines, 1967, p. 45.

combate é difícil, que as caídas e recaídas são muitas. Ele fala muito mais do percurso no pecado do que do próprio ato de pecar, embora não o omita. No coração do mal em ação, ele nos propõe um verdadeiro enraizamento na fé, pois ela é a primeira afetada pelo peso do pecado que esmaga o coração e obscurece o dom de Deus. A fé recoloca o homem em sua verticalidade.

A visão de São Francisco pode parecer severa, mas é sempre acompanhada da esperança

Ele conheceu o quanto o reconhecimento de seu pecado foi uma abertura ao Deus vivo, misericordioso, salvador. Foi-lhe necessário ir até Deus, não somente impulsionado pela generosidade, mas também com o peso de seus egoísmos.

Sob estes termos, que soam advertência, censura, conselho ou encorajamento, ele sempre interpela com amor, sem julgamento nem condenação, nem para rebaixar o outro ou para se defender, mas num profundo respeito pelo próximo. Ele oferece assim aos seus irmãos e irmãs do mundo inteiro pistas de retorno a Deus e a possibilidade de crescer espiritualmente.

Desejar ver Deus, tornar-se sensível ao pecado

Somente quem lutou com as forças do Mal nele está habilitado a mostrar a saída com tanta convicção. Assim, os escritos de Francisco refletem o quanto uma visão reconciliada da fé pode aguçar a visão do pecado[84]. Ele conhece o sentido do pecado porque o experimentou, e o sentido do combate espiritual porque o praticou a vida inteira, até a morte. Sua fé permanece inabalável, mesmo em meio às tormentas, às dúvidas. O homem Francisco encarava tudo.

---

84 Cf. nosso livro *François d'Assise, le prophète de l'extrême*. Bruyères-le-Châtel: Nouvelle Cité, p. 77s.

Ele nos lança hoje um formidável apelo, o de acompanhar o homem como ele é:

• um ser de corpo e espírito, aberto à experiência interior, confrontado com o enigma de ter que sofrer e morrer, fundamentalmente frágil, mas buscando um sentido para sua história;

• um ser que recebe a vida de Deus e cujo corpo é habitado pelo Espírito Santo;

• um ser salvo pela graça e chamado a entrar no mistério da ressurreição da carne;

• uma pessoa amada por Deus.

VI
A dimensão de interioridade no combate espiritual

A escuta do coração

Estamos diante de um desafio chamado "centro interior", que nos remete a Deus, e que é o oposto da periferia de nós mesmos, das fórmulas prontas ou dos belos sentimentos.

Jung, citado por Marie-Madeleine Davy, diz:

> Para a maioria, os homens só encontraram Cristo do exterior e jamais dentro da própria alma...
> Isto significa que poucos homens possuem uma experiência pessoal de Cristo, por falta de interioridade. Não tendo descoberto seu centro – isto é, o si que implica ao mesmo tempo o consciente e o inconsciente –, o homem é sempre tentado a viver na periferia de si mesmo[85].

Colocar o coração em relação ao Mistério de Deus

Para falar do coração é preciso transpor o pensamento psicológico e ir até o centro do ser, lá onde o homem dialoga consigo mesmo, assume suas responsabilidades, se abre ou se fecha para Deus.

O "lugar do coração" ou o "lugar da alma", é o lugar que não tem nome; espaço no qual Deus está presente, é sempre um desafio para aquele que o explora. Desafio de sua limitação diante daquilo que

---

85 DAVY, M.-M. *L'homme intérieur et ses metamorfoses*. Paris: Albin Michel, 2016, p. 35.

não tem limite. Este espaço, o homem nunca cessa de percorrê-lo, mas sua constante exploração é necessária. No *Itinerário da mente para Deus*, São Boaventura vislumbra os diferentes degraus de elevação para Ele e fala do "auge da alma onde brilha a sindérese".

Existe no movimento contínuo do coração de Francisco uma disponibilidade que passa pelo ouvido atento, pela noção de gestação espiritual, de entranhas de mães e de terra boa do coração (RnB 22,17) que acolhe a Palavra e, enfim, existe um retorno que se exprime pela entrega de si e de tudo a Deus.

> Somos mães quando o *trazemos* em nosso coração e em nosso *corpo* (cf. 1Cor 6,20) através do amor e da consciência pura e sincera; damo-lo à luz por santa *operação* que deve *brilhar* (cf. Mt 5,16) como exemplo para os outros (2Fi 53).

Francisco nunca parou de explorar este lugar e de encontrar Deus nele. Para melhor penetrá-lo, buscava o que de mais interior havia nele e, pouco a pouco, se livrava daquilo que o sobrecarregava e, nesta introspecção e profundidade de alma, sua ação e sua autenticidade de vida se revelaram. Não há nada de surpreendente, portanto, no fato dele adorar viver nos eremitérios. O eremitério, o deserto e o silêncio são por excelência espaços de encontro entre o homem e Deus, espaços onde a palavra pode ser mais intimamente dita e recebida. Lá a alma de Francisco se deixa abrasar. "Eu mesmo a seduzirei, conduzirei ao deserto e lhe falarei ao coração" (Os 2,16).

> *Ouvi*, senhores *filhos* (cf. Pr 4,1) e irmãos meus, *prestai atenção às minhas palavras* (At 2,14). *Inclinai o ouvido* (Is 55,3) de vosso coração e obedecei à voz do Filho de Deus. Guardai em todo o vosso coração os seus mandamentos e cumpri os seus conselhos com a mente perfeita (Ord 5-7).

Coração puro e espírito puro

> [A pureza de coração] *Bem-aventurados os puros de coração, porque eles verão a Deus* (Mt 5,8). São verdadeiramente puros de coração os que desprezam as coisas terrenas, buscam

as celestes e nunca desistem de adorar e de procurar o Deus vivo e verdadeiro com o coração e a mente puros (Ad 16).

Ter o coração e o espírito puros é reservar o primeiro lugar a Deus, ou seja, "ser penetrado pela nostalgia das coisas do céu, estar repleto do que Deus é"[86]. A pureza não é reservada exclusivamente à oração, pois ela reside também no amor de Deus, em sua veneração e sem seu serviço (cf. 2Fi 19). Colocar Deus em primeiro lugar não consiste unicamente na realização de uma obra, mas por sua realização no amor e na devoção e no estado de espírito que Deus inspira. A pureza se revela, portanto, tanto um ideal quanto um comportamento. Desta forma, o coração simboliza uma fé preocupada com a grandiosidade de Deus.

Duas expressões-chave jorram do espírito de Francisco durante a luta de seus primeiros anos e vão lhe dar sua força:

• "A pura e santa simplicidade do coração", que é o contrário do coração dividido. E a vontade própria que se torna pura vontade de servir a Deus.

• "Um supremo desejo de ter o espírito do Senhor" para seguir as pegadas de Jesus Cristo e aceder à Glória do Pai.

Esta força é importante nos esforços de Francisco e de seus irmãos para discernir juntos o sentido de seu movimento e o que inspira o mundo. Eles a transformam em princípio de ação.

A escuta da Palavra

A frequentação assídua da Palavra de Deus

Francisco encontra na frequentação da Palavra sua principal força de combate. Esta Palavra é onipresente e sua importância em seus escritos é enorme. Ele a medita, a rumina, a celebra e por ela se deixa instruir: "Pois não fora um ouvinte surdo do Evangelho" (1Cel

---

86 ESSER, K. "Le langage de saint François". In: *Cahiers de Vie Franciscaine*, n. 14, 1957, p. 117.

22,10). Ele a guarda em seu coração amorosamente e lhe deixa a liberdade de agir. Trata-se de um dinamismo de amor que o projeta constantemente para o devir, para esta reciprocidade de desejo entre ele e seu Deus, desejo sempre a ser satisfeito, a ser realizado.

Ele também se esforça para traduzi-la em sua vida e aplicá-la sem reserva. Medita-a diante dos acontecimentos, sabendo que a interioridade da Palavra de Deus é a condição essencial de sua eficácia. Esta Palavra, já amadurecida em seu coração, se torna sua própria palavra. "Ele não cita a Bíblia no texto, mas fala a linguagem da Bíblia"[87]. Claramente percebemos sua familiaridade com as obras do Senhor; Deus lhe fala para além da Escritura:

> [Que a boa operação siga a ciência]. Diz o apóstolo: *A letra mata, o espírito, porém, vivifica* (2Cor 3,6). São mortos pela letra aqueles que somente desejam conhecer as palavras para serem considerados mais sábios entre os outros e poderem adquirir grandes riquezas, para dá-las aos parentes e amigos. Também são mortos pela letra aqueles religiosos que não querem seguir o espírito da divina escritura, mas apenas desejam conhecer as palavras e interpretá-las aos outros. E são vivificados pelo espírito da divina escritura aqueles que não atribuem a seu eu toda letra que conhecem e desejam conhecer, mas, pela palavra e pelo exemplo, as retribuem ao altíssimo Senhor Deus, de quem é todo o bem (Ad 7).

A Palavra é uma Pessoa, um sentido e um encontro

Francisco adverte seus confrades sobre o perigo de um saber egoísta. Dois tipos de frades então em causa: aqueles que abordam a Escritura para obter sabedoria em proveito pessoal e os que a estudam e a interpretam sem jamais vivê-la ou seguir seu espírito. Ora, Francisco oferece o sentido do estudo: não para a apropriação orgulhosa de palavras, mas para traduzir seu saber na vida, como uma entrega ao Senhor. Além disso, ele nos compromete por nossos atos

---

87 GAGNAN, D. "La croix et la nature chez saint François d'Assise". In: *Antonianum*, 57, 1982, p. 609-705; aqui, p. 684.

e por nossa forma de vida a fazermos brilhar a imagem de Cristo. Porque, segundo Orígenes:

> O povo morre de sede, mesmo diante das Escrituras, até que Isaac venha abri-las [...]. Ele abre os poços, e nos ensina que o lugar onde devemos procurar Deus, é o nosso coração [...]. Como podemos ver, sem dúvida existe também em cada uma de nossas almas um poço de água viva, com um certo sentido celeste e uma imagem de Deus latente[88].

É interessante constatar e meditar que este homem, que se apresenta *"simplex et idiota"*, se revela perfeito conhecedor da Escritura e verdadeiro teólogo. Sua interpretação da Palavra não segue necessariamente o sentido estabelecido pelas escolas, mas sua exegese não deixa de ser realista. Ele parte do concreto da letra, ele não explica as palavras por símbolos, mas as realiza existencialmente, para além da letra, no espírito da letra. É a teologia do amor. Ele não separa a escuta ou a leitura da Palavra de sua realização. Devemos falar, portanto, segundo Francisco, de uma leitura espiritual no sentido exato do termo: compreender a Palavra vivendo seu espírito.

> É isto que eu quero, é isto que eu procuro, é isto que eu desejo fazer do íntimo do coração (1Cel 22,3).

Esta declaração feita após ouvir o Evangelho na pequena igreja de Santa Maria da Porciúncula exprime a relação que Francisco mantinha com a Palavra ao longo de toda a sua existência. Sua vida interior brilha em sua vida ordinária e toma forma e se enraíza concretamente no mundo a que pertence. Isto nos obriga a refletir sobre a relação que alimentamos com a Palavra, ou seja, com a Pessoa de Jesus Cristo.

Marta, Maria e Francisco

> Pondo-se eles a caminho, Jesus entrou num povoado. Uma mulher, de nome Marta, o recebeu em sua casa. Ela tinha uma irmã chamada Maria que, sentada aos pés do Senhor,

---

88 DE LUBAC, H. *Histoire et esprit* – L'intelligence de l'Écriture d'après Origène. Paris: Aubier, 1950 [Col. "Théologie", 16].

escutava a sua palavra. Marta, porém, andava atarefada com o muito serviço (Lc 10,38-41).

Cada uma das irmãs recebe Jesus à sua maneira. Como Maria, podemos distanciar-nos das coisas do mundo, ajoelharmo-nos e ouvir o Senhor com maravilhamento. Mas também podemos, como Marta, escutar sua Palavra, meditá-la em nosso coração, em total disponibilidade, mas perder-nos nas ocupações da vida[89].

Marta, Maria e Francisco vivem plenamente sua relação com a Palavra. Evidentemente de forma diferente, mas em conformidade com aquilo que cada um é. Eles nos convidam a meditar sobre nossa maturidade espiritual e sobre o sentido da liberdade verdadeira. Não a liberdade alienada a um mandamento moral, mas a que responde à exigência do apelo mais derradeiro: o de viver da Palavra e testemunhá-la livremente e autenticamente.

Francisco considera a Palavra de Deus e a reposta do homem que presta ouvidos ao seu Senhor. Ele se dirige humanamente aos irmãos e irmãs e os convida a trilhar o caminho da liberdade.

A força do olhar

Elevação e alargamento do olhar

O homem progride pelo alargamento do olhar e se eleva pelo confronto e encontro com os contrários e os complementares. O Cântico das Criaturas, com sua forma poética e, sobretudo, com sua dimensão teológica, nos fornece alguns exemplos: o noturno e o diurno, o masculino e o feminino, o vertical e o horizontal, os polos alto/baixo não apenas se opondo, mas se atraindo e se fecundando, se entrecruzando e se enriquecendo. Ora, pode acontecer que, por medo, eliminemos os contrários e que, por suficiência, recusamos a complementariedade. Frequentemente ouvimos dizer: "Não pode-

---

89 Cf. MANGIN, É. "La figure de Marthe dans le *Sermon 86* d'Eckhart". In: *Revue des Sciences Religieuses*, 74/3, 2000, p. 304-328.

mos viver juntos, estamos às antípodas um do outro". Francisco, ao contrário, encaminha-nos para uma dinâmica de disponibilidade e de despojamento do coração. Ele desconstrói a incompatibilidade beligerante. Aceitar os contrários e torná-los complementos, enriquecer-se com eles: eis o combate espiritual que leva à paz[90].

Da horizontalidade à verticalidade

Mesmo a partir do ponto mais elevado de nosso ser onde Deus é desejado, celebrado e procurado, não podemos ignorar que a dimensão vertical de nossa interioridade – isto é, o coração purificado, a busca do Essencial, do sutil e do leve – não cessa de permitir que aflore o seu contrário, que é a exterioridade e a dimensão horizontal – isto é, o material, a dureza; em última análise, as coisas do mundo.

Portanto, é impossível abordar a dimensão interior e espiritual do homem ignorando suas repercussões materiais e relacionais, físicas, psíquicas ou morais. Não devemos ofuscá-las, nos culpabilizarmos e, menos ainda, deixar bloquear nossa busca espiritual por nossa horizontalidade. Ela está aí, não obstante nosso desejo de elevação.

De seu olhar cósmico, Francisco acolhe e abraça a nossa humanidade e o mundo com misericórdia. Ele se esforça para unificar estes contrários numa síntese simbólica, de sorte que um elemento, iluminado por seu polo oposto, produza uma visão que leve ao equilíbrio. Assumindo e integrando a parte humana e a parte divina do homem, a fé é vivida como uma experiência que observa, uma realidade complexa e unificada, mas observável, pois tudo isso incide sobre a qualidade do olhar sobre Deus e sua criação.

Em todas as religiões, o olho físico simboliza naturalmente a percepção intelectual e, por extensão, o conhecimento espiritual. A imagem do olho do coração e do espírito é universal.

---

90 BRUNETTE, P. *Essai d'analyse symbolique des admonitions de François d'Assise.* Op. cit., p. 128, 196s.

É o homem vendo Deus, mas também Deus vendo o homem. Ele é o instrumento de unificação de Deus e da alma, do Princípio e da manifestação[91].

Ver a Deus ou desejar ver a Deus é ver a sua bondade em ação, em tudo e em todos

Da mesma forma que São Paulo, Francisco desenvolve a passagem do carnal ao espiritual. Nada de sua experiência é formulado sem ter sido experimentado. O conhecido é completado pela experiência.

• Ao invés de afastar o sensível, o olhar da carne, ele o integra ao espiritual, ao olhar do espírito.

> E assim como eles com a visão do seu corpo só viam a carne dele, mas contemplando-o com olhos espirituais criam que ele é Deus, do mesmo modo também nós, vendo o pão e o vinho com os olhos do corpo, vejamos e creiamos firmemente que é vivo e verdadeiro o seu santíssimo corpo e sangue (Ad 1,20-21).

• Se o Espírito leva a purificar o olho sensível, o olho espiritual não se priva do sensível. Ele não encobre os sentidos, os deixa espiritualizar-se.

Esta atitude meditada e sentida pode transformar o olhar que pousamos sobre nós mesmos e sobre o outro. O que parece irreconciliável se une, dá acesso a um novo conhecimento e a uma maneira diferente de amar. Nossos olhos veem Deus amorosamente e nosso coração compreende melhor a fé. A fé é o olhar do amor.

> Tudo, porém, o que lhes dizia por palavras, afetuosa e solicitamente [lhes] mostrava por obras (LTC 57,4).

• Ver o Senhor na Eucaristia, adorá-lo, assim como ver seu agir em mim ou no outro, é acreditar, é ver no espírito.

---

91 "Oeil". In: *Dictionnaire des Symboles*, p. 687. Apud ibid., p. 146.

Francisco não é insensível aos medos de seus contemporâneos quanto ao seu destino eterno. O homem medieval enfrenta esta dúvida: céu ou inferno, onde terminarei? Rico em certezas adquiridas nas lutas de sua vida e conhecedor das observâncias eucarísticas prescritas pela Igreja, Francisco introduz a noção espiritual de acolhida do pão e do vinho sacramental segundo o espírito e a divindade. Ele afirma sua fé na presença real de Jesus Cristo na Eucaristia. Ele revela assim aos humanos angustiados pela morte a relação que permite ao homem voltar atrás, mudar de vida e jamais separar-se da humanidade pobre que Jesus Cristo assumiu. "Francisco fez da Eucaristia o símbolo dinâmico de uma expectativa comum e fez dela o sacramento do mundo vindouro"[92]. O Senhor está conosco!

"A Eucaristia é central no pensamento franciscano, porque ela permite ver e incorporar o Filho"[93]. Ela é, portanto, o sacramento da paz verdadeira. Por este alimento, o homem possui tudo o que é necessário para enfrentar sua luta.

> [...] todos os que veem o sacramento, que é santificado por meio da palavra do Senhor sobre o altar pelas mãos do sacerdote em forma de pão e de vinho, e não veem nem creem segundo o espírito e a divindade que seja verdadeiramente o corpo e o sangue de Nosso Senhor Jesus Cristo, foram condenados, sendo testemunha o próprio Altíssimo" (Ad 1,9).

As prioridades no combate espiritual

O combate se articula entre um agir, uma antropologia e uma esperança

• Um agir ao serviço dos homens e particularmente dos mais frágeis... Ir ao encontro de si mesmo é a melhor maneira de encon-

---

92 FLOOD, D. *Frère François et le mouvement franciscain*. Op. cit., p. 134.

93 DALARUN, J. (org.). *François d'Assise*: écrits, vies, témoignages. Op. cit., p. 282, nota 2.

trar o outro. Não mais no registro da exterioridade, do ego, mas no reconhecimento mútuo enquanto irmãos e irmãs.

• Uma antropologia que reconhece que a humanidade é feita de uma realidade natural e de uma realidade sobrenatural profundamente unificada:

> - Homem simples criatura sob o olhar de Deus Criador, chamado a crescer em sua humanidade. Rejeitá-la corresponde a um orgulho desmedido e nos priva da possibilidade de progredir espiritualmente.

> - Homem criado à imagem e semelhança de Deus, soberana dignidade ontológica da criatura humana ao mesmo tempo que exprime a lei de seu devir. Ser imagem é próprio do homem.

• Uma esperança na ressurreição da carne.

Não esqueçamos que a transparência e a reconciliação com o homem carnal procedem das vitórias sobre nós mesmos.

Exercitar-se na inversão de nossas prioridades

Trata-se, em primeiro lugar, de reconciliar-se com o inexprimível ou o indescritível de nossa própria história, que se traduz pela integração de nossa vida e de nossa morte. Entregar tudo, identificar tudo sob o olhar do Senhor. Ousar voltar às origens, que consiste em explorar nossa alma profundamente e deixar-nos penetrar por Deus. E aceitar não ter respostas para todas as questões: sobre nós mesmos, sobre o outro e sobre Deus. Em última análise, integrar este duplo mistério: o da humanidade e o de Deus.

Nossa luta deve enraizar-se na oração, que nos coloca sempre diante de Deus como devedores. Não provoquemos a Deus nem lhe peçamos satisfações, mesmo diante das provações. Se gritamos "por quê?", é em razão de não termos respostas, e desta forma nos deixamos conduzir sempre mais pela humildade, à espera da infalível resposta de Deus. Toda a nossa vida de pessoas de fé deve fundar-se no espírito de entrega e de desapropriação de nós mesmos.

Esforcemo-nos para ser pobres em tudo e em todos os aspectos: no espiritual, no temporal, interna e externamente. Não nos acreditemos livres do mal, mas guardemos a paz no despojamento, sabendo-nos portadores de Deus. "Onipotente, santíssimo, altíssimo e sumo Deus Pai santo e justo [...]" (Rnb 23,1). Deus é; isto basta. Meu Senhor e Meu Tudo! É o abandono incondicional da alma a Deus, esse Deus que está acima de todas as nossas fraquezas e misérias, que é bem maior que o nosso coração e que nos ama como somos, e que faz e fará de nós suas testemunhas.

Francisco sabe que não é possível "abrir" os homens para Cristo à força, nem através do poder dos bens temporais. Seu verdadeiro poder, sua verdadeira força de luta é o amor, a pobreza e o minorismo na alegria. *"Sint minores"*. Ele nos propõe uma iniciativa purificadora e misericordiosa através da qual cada um, com Deus, pode tornar-se mais amoroso, mais livre, mais vivo. Ele nos ensina a receber Deus plenamente e não numa ascese estéril ou num sacrifício moralizador que leva à aridez do coração. Para ele, a ascese é uma dinâmica alegre, realizada discretamente e segundo as forças de cada um. Ela deve testemunhar a verdadeira saúde espiritual e oferecer ao outro o gosto pelas coisas de Jesus Cristo, o gosto por Deus.

Francisco nos encoraja a desejar Deus, a deixar-nos penetrar e fecundar por Ele. Ele nos estimula simplesmente a nos tornarmos mais humanos culturalmente, solidariamente, moralmente e espiritualmente[94].

---

94 RnB 23,7-11. Cf. nosso livro *François d'Assise, le prophète de l'extrême*. Op. cit., cap. IX.

Viver inteligentemente com a imperfeição das coisas humanas

Acolhamos os limites de nossa época, a falibilidade da Igreja e a dos homens que a constituem.

> Devemos dar-nos conta que nem a razão nem a fé nos prometem, sob qualquer forma, a existência de um mundo perfeito numa determinada época. Este mundo não existe[95].

Avancemos e caminhemos com nossas imperfeições e com as imperfeições de nossos irmãos. A santidade não consiste em manifestar em si todas as virtudes, atributo que só pertence a Deus, mas em fazer bom uso das que brilham em nós (2EP 85) a fim de não desperdiçar a graça.

Consideremos as paixões que nos governam e, sobretudo, não as maquiemos sob uma aparência de impecabilidade. Também não esqueçamos de colocar a nossa atenção e o nosso desejo no dom de Deus; isto é, naquilo que é bom e belo em nós e nos outros. Ao invés de apontar o lado obscuro dos outros, acolhamos e louvemos a Beleza de Deus agindo em cada pessoa. Ultrapassemos o visível que oculta o Invisível.

Não existem inimigos a destruir, mas pessoas querendo amor

Lembremos que são as virtudes que afugentam as paixões. Na *Saudação às virtudes*[96] Francisco demonstra a força das virtudes e as menciona por primeiro, já que protagonistas, ao passo que os vícios ou paixões aparecem em segundo lugar, como antagonistas vencidos. Santas e poderosas, mas sem violência, as virtudes combatem sem destruir. Por sua natureza e presença, elas confundem seus opo-

---

95 RATZINGER, J. *Église, oecuménisme et politique*. Op. cit., p. 267-290.

96 Ler integralmente o anexo "Saudação às virtudes". Cf. tb. nosso livro *Les Mouvements intérieurs de l'âme* – Passions et vertus selon saint François d'Assise et les Pères de l'Église. Op. cit., p. 71s.

sitores e os derrotam[97]. Além disso, a apresentação por duplas de virtudes combatentes não é por acaso. Citemo-lo: "Senhora santa caridade, o Senhor te salve com a tua irmã, a santa obediência" (SV 2). Isto indica a fraternidade das virtudes entre si, sua interdependência, bem como a explicação do mal em sua complexidade.

As virtudes sugerem aquilo contra o qual é necessário premunir-se e lutar. Por exemplo: a caridade contra a perturbação, a caridade apesar do afastamento de um irmão, a obediência preferencialmente à vontade divina, a humildade diante do orgulho etc. A oração da *Saudação às virtudes* propõe uma simbólica clara e precisa do combate. Sublinhemos que as paixões duplicam em número as virtudes: "A santa sabedoria confunde satanás e todas as suas malícias" (SV 9). Etc.

O combate dos vícios e a exaltação das virtudes visa à vitória da liberdade interior.

> É simultaneamente um conflito geral em que todos são solidários e um combate singular em que cada virtude ataca em seu próprio campo. O inimigo é triplo: satanás, o mundo e o corpo, significando aqui o velho homem carnal e egoísta[98].

> Quando o homem se volta para a sua alma através de suas virtudes, ele se mantém dentro da ordem de sua natureza integral[99].

---

97 Cf. GODET-CALOGERAS, J.F. "Introduction". In: *Salutation des vertus*. Apud DALARUN, J. (org.). *François d'Assise: écrits, vies, témoignages*. Op. cit., p. 159.

98 COMINARDI, J.-C. *Quand la louange prend toute la place*. Paris: Franciscaines, 1994, p. 139.

99 Jean Le Solitaire.

VII

O combate espiritual no mundo, ontem e hoje

Como Francisco e seus irmãos se situam no mundo?

Por sua análise da condição humana e por suas respostas, eles nos ajudam a entender a razão pela qual o mundo é uma potência temerosa. Francisco o descreve simbolicamente bem como os homens retomando em sua primeira Regra a Parábola da Semente:

> Vindo, porém, a tribulação e a perseguição por causa da palavra, logo se escandalizam (Mt 13,21); e eles não têm raiz em si, mas são volúveis (cf. Mc 4,17), porque creem momentaneamente e no tempo da tentação retrocedem (Lc 8,13). A que caiu nos espinhos (Lc 8,14) são os que ouvem a palavra de Deus (cf. Mc 4,18), e a preocupação (Mt 13,22) e as inquietações (Mc 4,19) deste mundo e a sedução das riquezas (Mt 13,22) e as concupiscências para com outras coisas se intrometem e sufocam a palavra, e eles se tornam sem fruto (Mc 4,19) (RnB 22,15-16).

A luta espiritual passa pela denúncia de determinados valores, mas é evidente que, não obstante tudo, o mundo é espaço de vida, de evangelização, de peregrinação dos irmãos. Eles não se situam em patamares inatingíveis. A mensagem que apresentam se realiza nesta terra, da qual todos sãos formados:

> Quando os irmãos vão pelo mundo, nada levem pelo caminho, nem bolsa, nem sacola, nem pão, nem dinheiro (cf. Lc 9,3), nem bastão (cf. Mt 10,10). E, em qualquer casa

em que entrarem, *digam primeiramente: Paz a esta casa* (cf. Lc 10,5) (Rnb 14,1-2).

Ordeno a todos os meus irmãos, tanto clérigos quanto leigos, aos que andam pelo mundo e aos que moram nos eremitérios, que de modo algum tenham qualquer animal nem consigo nem com outrem nem de qualquer outra maneira (RnB 15,1).

Aconselho, todavia, admoesto e exorto a meus irmãos no Senhor Jesus Cristo que, quando vão pelo mundo, não discutam nem *alterquem com palavras* (cf. 2Tm 2,14) nem julguem os outros; mas sejam mansos, pacíficos e modestos, brandos e humildes, falando a todos honestamente, como convém (RB 3,11-12).

[...] pois, *com este intuito ele vos* enviou (cf. Tb 13,4) *por todo o mundo* (cf. Mc 16,15), para que, por palavras e obras, deis testemunho de sua voz e anuncieis a todos que *não há ninguém onipotente além dele* (cf. Tb 13,4) (Ord 9).

A carta enviada a toda a Ordem convoca firmemente todos os frades – e a nós igualmente – à responsabilidade e indica os "instrumentos espirituais de luta" necessários para bem realizar a missão:

> *Perseverai na disciplina* (Hb 12,7) e na santa obediência e cumpri, com propósito bom e firme, o que lhe prometestes. O Senhor *Deus se oferece* a nós *como a seus filhos* (Hb 12,7) (Ord 10-11).

A inserção evangélica no mundo

O Evangelho é vivido no coração do mundo. Os frades não podem esquecer disto. À semelhança da humanidade, eles não vivem *em estado de glória*, ou seja, na condição da glória final, mas *em estado de itinerância*; isto é, como peregrinos e estrangeiros neste mundo.

Confrontados com as inevitáveis tribulações, devem aprender a renunciar a determinados aspectos deste mundo. Eles se confrontam de fato com os riscos da independência, das facilidades deste mundo, ou ainda com o risco de ser atraídos pela recompensa etc. Eles zelam para não serem levados pela tentação ou por comportamentos indesejados ou mundanos. É bom lembrar que existe o mal praticado pelo homem e o mal sofrido pelo homem. Nos escritos de Francisco o termo *mal/malum* exprime fundamentalmente, ao que parece, o não reconhecimento de Deus.

> Ama verdadeiramente seu inimigo quem não se lamenta por causa da injúria que este lhe faz, mas, por amor de Deus, se consome por causa do pecado de sua [própria] alma (Ad 9,2-3).

> São verdadeiramente pacíficos aqueles que, por tudo o que sofrem neste mundo, conservam a paz na alma e no corpo por amor de Nosso Senhor Jesus Cristo (Ad 15,2).

Daí se explica, no combate espiritual, a noção de exemplo a ser dado para enfrentar as preocupações do século

• Pregar, testemunhar por palavras e atos a entrega total ao Senhor.

> E são vivificados pelo espírito da divina escritura aqueles que não atribuem a seu eu toda letra que conhecem e desejam conhecer, mas pela palavra e pelo exemplo, as retribuem ao altíssimo Senhor Deus, de quem é todo o bem (Ad 7,4).

• Praticar a renúncia relativa ao eu estreitamente ligado ao mundo e suprir as deficiências.

> Pois, de modo algum renuncia perfeitamente ao mundo quem reserva no íntimo do coração as bolsas do próprio sentimento [...]. *As raposas têm suas tocas, e os pássaros do céu seus ninhos, mas o Filho do homem não tem onde reclinar sua cabeça* (Mt 8,20; Lc 9,58) (LM cap. 7, 2.2-3).

Talvez Francisco tenha tido conhecimento da história contada por João Clímaco[100]:

> Um velho dotado de grande conhecimento espiritual repreendeu um irmão orgulhoso; mas este, em sua cegueira, lhe respondeu: "Me perdoa, Pai, mas não sou orgulhoso". O velho e grande sábio lhe disse: "Que melhor indício desta paixão poderias nos dar, meu filho, senão responder: "Não sou orgulhoso?"

Francisco nos oferece o lugar do combate e em qual modelo apoiar-se

Seja qual for o mundo ou a época em que vivemos ou somos convidados a viver, Francisco nos encoraja a privilegiar o serviço, o minorismo – o lava-pés – e o aniquilamento de si.

Não nos enganemos e, sobretudo, não nos fechemos numa leitura demasiadamente humana e busquemos ver nestas palavras a dimensão espiritual que se impõe. Francisco não pede que nos comportemos com baixeza, mas que tomemos por modelo o Filho-Servidor. Assim a autoridade fundada na referência a Deus e a Jesus Cristo é a do amor, e que se concretiza em atos.

Se aceitarmos meditar sobre a noção de "servidor inútil" – isto é, de agir em Cristo e unicamente "para Ele, por Ele e nele" –, provavelmente aceitaremos nos exercitar neste caminho e viver nesta luta. Nisto reside a grandeza do homem.

> [O humilde servo de Deus] Bem-aventurado o servo que não se considera melhor quando é engrandecido e exaltado pelos homens do que quando é considerado insignificante, simples e desprezado, porque, quanto é o homem diante de Deus, tanto é e não mais. Ai daquele religioso que é colocado no alto pelos outros e não quer descer por sua própria vontade. E *bem-aventurado o servo* (Mt 24,46) que não é colocado no alto por sua própria vontade e [que] sempre deseja estar sob os pés dos outros (Ad 19,1-4).

---

100 SAINT JEAN CLIMAQUE. *L'échelle sainte*.

O mundo serve de lição e apelo à conversão

Em vez de calar o mundo para só acentuar que o Senhor é o Sumo Bem ou tratar apenas das coisas celestes, todo o ensinamento de Francisco conduz o mundo à consciência de que somos irmãos e irmãs. A pedagogia divina pode realizar sua obra em nós se agirmos com liberdade, responsabilidade e confiança e sempre iluminados pela oração.

Por suas palavras Francisco nos diz tudo aquilo que podemos adquirir interiormente: a verdade, o conhecimento, o olhar (enquanto consideração), o grau de excelência/de grandeza do homem criado por Deus, o amor benevolente, mas também o poder que evoca a autoridade etc. É por isso que Francisco pensa o agir como uma pregação para os outros. Ele mesmo se coloca como exemplo para seus confrades. Desta forma o exemplo se inscreve no projeto fraterno. Para ele, estas duas noções – as potencialidades e o agir – são essenciais para realizar com sucesso o combate espiritual.

> *Servo fiel e prudente* (cf. Mt 24,45) é aquele que, em todas suas ofensas, não tarda em punir-se interiormente pela contrição e exteriormente pela confissão e pela reparação dos atos (Ad 23,3).

A concepção franciscana do amor-próprio não é abordada fora de uma consciência aguda do outro. O exemplo dado pelo confrade supõe o exemplo recebido do próximo. Para realizar-se, o homem precisa de Deus, de todos os seres criados e de si mesmo.

> Por isso, desde que os irmãos sabem o que devem fazer e também o que devem evitar, não me resta senão ensiná-los com as obras, porque para isto fui dado a eles na minha vida e depois de minha morte (CA 112).

A palavra deve ser completada pelos atos e pelo exemplo[101].

> Portanto, acautelemo-nos, irmãos todos, de toda soberba e vanglória; e guardemo-nos da sabedoria deste mundo e da *prudência da carne* (Rm 8,6); pois o espírito da carne quer

---

101 RnB 17; Ad 7,4.

e se esforça muito por ter as palavras, mas pouco por fazer as obras, e procura não a religião e a santidade interior do espírito, mas quer e deseja ter a religião e a santidade que aparecem exteriormente aos homens. E estes são aqueles de quem diz o Senhor: *Em verdade vos digo, já receberam sua recompensa*[102] (RnB 17,9-13).

O mundo como ponto de ancoragem do combate espiritual

• Nos escritos de Francisco, o mundo é recebido como depositário da Salvação e da cruz.

> Nós vos adoramos, Senhor Jesus Cristo, aqui e em todas as vossas igrejas que há em todo o mundo, e vos bendizemos, porque, pela vossa santa cruz, remistes o mundo (Test 5).

• É este mundo escolhido e habitado pelo Filho de Deus e sua mãe.

> Ele, *sendo rico* (2Cor 8,9) acima de todas as coisas, quis neste mundo, com a beatíssima Virgem, sua Mãe, escolher a pobreza (2Fi 5).

• Desde sua origem o mundo é o quinhão e a promessa do Reino.

> *Vinde, benditos de meu Pai,* recebei o *reino que foi preparado para vós desde a origem do mundo* (cf. Mt 25,34) (RnB 23, 4b).

O mundo entendido por Francisco como um plano de fé

Seu gesto radical de vida para Deus é fundado em sua opção audaciosa que consiste em situar-se fora do mundo, mesmo permanecendo nele. Em seu *Testamento*, ele explica que depois de seu encontro com o leproso decidiu *sair do século*[103]. Isto não significa uma fuga, mas coincide mais com uma vida de conversão progressiva: "O Senhor concedeu a mim, frei Francisco, a graça de começar a fazer

---

102 Mt 6,2.

103 "Ao mesmo tempo, no sentido de 'mundo' e no sentido de 'sociedade e jurisdição seculares'" (DALARUN, J. (org.). *François d'Assise*: écrits, vies, témoignages. Op. cit., 308, nota 3).

penitência"[104] (Test 1). Esta conversão se traduz por uma atitude de pobreza material seguida de um distanciamento interior e por um retorno à cidade com seus irmãos num estilo de vida que testemunha a ruptura com este mundo. Desta forma ele manifesta seu desejo de viver religiosamente no mundo afirmando sua separação do século. A palavra amor se avizinha da palavra mundo. É o paradoxo da teologia franciscana[105].

A perspectiva religiosa do mundo é o ponto de partida do compromisso evangélico. Não é o fato de entrar num mosteiro ou num convento que nos separa do mundo, tampouco viver simplesmente enclausurado. Separar-se do mundo é uma atitude interna, vem de dentro, do fundo do coração.

Francisco escolhe a vida em Cristo. Ora, escolher Cristo como objetivo de vida não se resume num ato de decisão único e definitivo; trata-se de uma postura espiritual que requer atualização constante. Ele ousa professar sua religião em alta voz e rezar abertamente ao Senhor Deus, mesmo sabendo que o homem se encontra com Deus a sós. O movimento franciscano se quis, portanto, um compromisso por um mundo novo, e muitos irmãos e irmãs quiseram ver "*a tua glória em teu reino*" (RnB 22,55b[106]).

O binômio século/mundo é uma espécie de pano de fundo e serve de referência no combate de Francisco, ele que quer conformar sua vida inteira a partir de uma nova maneira de "ser religioso".

As tensões que o mundo provoca podem ser salutares

As tensões existem e devem ser enfrentadas. Francisco as descreve e faz delas um trampolim para chegar a Deus. Ele conhece seus

---

104 "O termo *penitência* traduz o grego *metanoia*, que significa uma reviravolta de pensamento, uma conversão radical, um arrepender-se" (ibid., p. 308, nota 1).

105 BRUNETTE, P. *Essai d'analyse symbolique des admonitions de François d'Assise.* Op. cit., p. 100, nota 108.

106 Cf. Jo 17: a oração sacerdotal.

efeitos e suas promessas sedutoras, mas sabe por experiência que a terra e o céu podem se reconciliar. É por isso que não tem medo de falar ao seu entorno da face obscura do mundo. Ele não tem medo de ser interpelado ou rejeitado, pois sabe que muitas pessoas se sentem tocadas por sua linguagem verdadeira que desperta nelas o desejo de viver diferentemente.

Vale lembrar que sua antiga sede de glória é agora transformada em outra forma de sede, a de viver segundo a vontade do Senhor. Por isso coloca em dúvida todos os antigos atrativos desnecessários deste mundo. Por exemplo: certa noite, imaginando-se um cavaleiro com todos os apetrechos e glórias, descobriu a não pertinência desse tipo de vida (1Cel 4 e 5).

Lembremo-nos da mulher hediondamente corcunda de Assis que o demônio mandava assombrar suas reflexões na gruta e "o ameaçava de que lançaria sobre ele a gibosidade daquela mulher, se não recuasse do propósito recebido" (LTC 12,5), ou seja, se ele não renunciasse o propósito de viver para Deus. Mas lembremos também de sua saída desse tormento: "[...] vilipendiando as ameaças do demônio, dentro da gruta rezava devotamente para que *Deus dirigisse seu caminho* (cf. Gn 24,40)" (LTC 12,6b).

> Enquanto frequentava lugares escondidos como adequados às orações, o demônio tenta perturbá-lo em tais [orações] com falsidade maligna. Lembra-o de uma mulher monstruosamente corcunda, moradora de sua cidade, a qual apresentava a todos um aspecto horrendo. Ameaça-o de que o faria semelhante a ela, se não desistisse das coisas começadas. Mas, *confortado pelo Senhor* (cf. Ef 6,10), alegrou-se que lhe foi dada a resposta da salvação e da graça. Disse-lhe Deus em espírito: "Francisco, se queres conhecer-me, troca já as coisas carnais e amadas com vaidade pelas espirituais e, *tomando as margas como doces* (cf. Pr 27,7), despreza-te a ti mesmo; pois as coisas que te digo terão sabor na ordem inversa". Imediatamente, ele se propõe a obedecer às ordens divinas e é levado a fazer a experiência disto (2Cel 9,3-8).

O campo de batalha está em nós, é lá que se travam os combates mais angustiantes. O reconhecimento da parte obscura de nossa alma é um processo doloroso que encontra enormes resistências interiores e supõe um esforço moral considerável. De fato, a corcunda e o leproso concretizam a repulsa que nos inspira o mundo da marginalidade. Eles resumem o horror que não queremos integrar e nos confrontam com a Sombra, este ser estranho em nós mesmos, que nos assusta, mas que devemos enfrentar se quisermos ver a Luz do Senhor.

Assim, a alteridade é para o homem essa inevitável e irredutível parte de Sombra que se manifesta por obstáculos exteriores: o outro, um companheiro de viagem, um sofrimento, a morte etc.

Desta constatação, duas atitudes de fundo emergem e nos desafiam:

- carregar e assumir com lucidez nossa tensão interior diante do mundo e integrá-la à nossa busca de Deus;
- reconhecer e domesticar as solicitações exteriores como melhor forma de preparar o terreno para que nasça e se difunda o amor de Deus.

Os desafios do futuro

A relação em perigo

Hoje a relação é fortemente atacada. A mundialização, a invasão da tecnologia em todos os domínios, o poder crescente e anônimo das finanças em detrimento do Estado, a solicitude crescente em nossas sociedades urbanizadas fizeram com que o mundo entrasse numa nova época.

Ninguém de nós está fora dessas transformações. Nós as vivemos e as sofremos e somos inclusive atores, à nossa medida e mesmo sem o nosso conhecimento. Por medo, talvez, ou por falta de imaginação, de informação ou de distanciamento, muitos hoje anunciam o declínio do cristianismo. Juntamente com outros, nós cremos, sobretudo, que ele entrou numa nova fase, assim como a humanidade inteira[107].

O combate espiritual deve levar em conta os desafios futuros de nossas sociedades e do homem

Hoje somos convidados a superar o nosso quadro preponderantemente "pessoal" para entrar numa "preocupação" humanitária e cósmica e, pelo alargamento de nosso olhar, sair da concepção demasiadamente estreita de nossa identidade missionária[108].

Quando a Idade Média imortalizou a luta das virtudes e das paixões, as virtudes foram representadas como uma armadura de combate. Nesta luta percebemos claramente o duelo entre corpo e alma, e a dominação da carne tornava o homem semelhante a uma fera.

Ainda na Idade Média, nas músicas cavalheirescas, são as virtudes que vencem os vícios e as paixões. Francisco conserva alguma coisa dessa personificação poética das virtudes e vícios. Ele traduz esta percepção na *Saudação às virtudes*, onde a sabedoria é rainha, a pobreza e a caridade são damas e todas as demais são virtudes-irmãs. Mas sua influência não parou por aí. Na expressão artística, a visão franciscana exerceu um papel importante, e o mesmo pode ser dito em nível espiritual.

Em outros escritos e exortações, confrontado com o drama humano, Francisco, como profeta, se dirige à humanidade do mundo inteiro, presente e futura[109]. Ele convida a uma verdadeira mudança de vida e a um combate espiritual novo. Seu olhar e sua consciência se alargaram, fato que lhe permitiu convidar a humanidade inteira a seguir os passos de nosso Senhor Jesus Cristo, a superar as cegueiras

---

107 Cf. XERRI, J.-G. *À quoi sert un chrétien?* Paris: Cerf, 2014, p. 9.

108 Ibid.

109 Cf. Gv; 2Fi e 1Fi.

e invejas e a construir um mundo fraterno. Ele simplesmente convidou e nos convida ainda a caminhar na lógica da Boa Notícia que ele e seus confrades tornavam presente em seu tempo.

A Admoestação 27 é significativa por sua representação da ordem dos combatentes

Num estilo muito sóbrio, todas as referências ao combate colocam em evidência o enfrentamento das virtudes com os vícios, as resistências com a vitória merecida. Através desta Admoestação entrevemos o desfecho do caminho espiritual.

O enfrentamento não é colocado em termos beligerantes, e aí está a grandeza do combate espiritual, mas em termos de resultado obtido ou de realização; isto é, de vitórias sobre si mesmo. O objetivo não é "fazer guerra", mas "botar pra correr" o que se opõe ao bem no homem.

Quando a virtude se concretiza nos tornamos testemunhas da graça agindo em nós. É para introduzir seus confrades e a nós todos nesta atitude interior que Francisco exorta a fazer bom uso das virtudes. Em última análise, ele não cessa de lembrar as palavras do apóstolo: "Fuja do mal e pratique o bem" (1Pd 3,11), ou segundo Máximo o Confessor: "Combate teus inimigos, as paixões, e luta para adquirir as virtudes".

> [A virtude que afugenta o vício].
> Onde há caridade e sabedora, aí não há nem temor nem ignorância.
> Onde há paciência e humildade, aí não há nem ira nem perturbação.
> Onde há pobreza com alegria, aí não há nem ganância nem avareza.
> Onde há quietude e meditação, aí não há nem preocupação nem divagação.
> Onde há temor do Senhor para guardar seus átrios, aí o inimigo não tem lugar para entrar.
> Onde há misericórdia e discernimento, aí não há nem superfluidade nem rigidez (Ad 27,1-6).

É impressionante ver o quanto Francisco sabe ler as forças cristãs e pagãs da alma e oferecer a cada um de nós uma mensagem de esperança. A alma é exatamente o real terreno de luta.

> E vós santas virtudes todas, que pela graça e iluminação do Espírito Santo sois infundidas nos corações dos fiéis para os tornardes de infiéis em fiéis a Deus! (SV 6).

A importância da relação é percebida por Francisco

A comunicação entre as novas classes e a vida religiosa, representada naquela época pelos mosteiros, se tornou difícil. Francisco vai restabelecê-la por sua presença no meio dos homens, pelo trabalho junto aos outros, que considera uma graça. Ávido de vida antes que de posses, seu gesto é fundador: ele inaugura uma nova presença da Igreja. Em seus intercâmbios com os outros, os irmãos distinguem com precisão o que o mundo desejava fazer com eles e o que eles tinham intenção de fazer com os bens e o trabalho, destinando-os aos pobres, superando assim os costumes do mundo em que viviam.

> Aqueles irmãos aos quais o Senhor deu a graça de trabalhar trabalhem fiel e devotamente (RB 5,1).

Pela postura de vida humilde e pobre, Francisco e seus companheiros adquiriram uma consciência de Cristo da qual tiravam a força e a coragem para lutar. Enquanto homens de partilha sabiam que é impossível mudar o outro, mas que é sempre possível servi-lo e amá-lo. Pela clareza de visão conseguiam reconhecer um homem em péssimo estado de marginalidade.

> Pelo trabalho, e mais tarde pela implantação das fraternidades, Francisco e seus discípulos lançam os irmãos no meio das cidades nascentes, naqueles inícios da urbanização; Francisco os mistura com a multidão, como fermento na massa[110].

---

110 ANTOINE, L. L'Expérience franciscaine. Paris: Franciscaines, 1972 [Col. "Présence de saint François", n. 23].

O mundo, lugar de combate espiritual privilegiado

Francisco podia ter caído na armadilha da condenação, lamentar-se sobre o mundo em que estava imerso "até o pescoço" ou chorar seu destino. Ele também podia associar-se a todos aqueles que faziam pairar a ameaça do apocalipse, ou aos religiosos de seu tempo que lançavam um olhar pessimista e até mesmo hostil sobre o mundo[111]. Também poderia ter-se distanciado da Igreja ou ter-se separado dela etc. No entanto, ele preferiu lutar para fazer com que a Igreja e sua época entrassem em uma nova era. Ele ajudou seus irmãos e seus contemporâneos a mudar e a superar o olhar que pousavam sobre o mundo e assim caminhar diferentemente para Cristo.

Em seu contexto, que estranhamente chega até nós por seus desequilíbrios mais gritantes, e para o benefício de todos, ele lembra ao homem aquilo para o qual é chamado: receber e dar a vida em abundância. O mundo revela-se lugar do combate espiritual privilegiado.

A verdade do cristão reside naquele que ele anuncia: Cristo. Cristo, fonte de vida, fonte da evangelização, fonte da missão. Para tanto é preciso deixar-se habitar por Ele.

A partir do momento que nos separamos do sentido de Deus, nos separamos da relação. Assim perdemos o sentido de nossa profundidade originária e nos tornamos incapazes de integrar a totalidade de nosso ser. Mutilados espiritualmente, psicologicamente e corporalmente, nosso sentir e nosso ver, nosso ouvir e nosso dizer se empobrecem. E assim perdemos as condições necessárias para fazer bom uso das armas espirituais do combate.

Nosso mundo, embora louco, tem sede de autenticidade e de transparência. Perguntemo-nos, fraternalmente e humildemente, se damos à nossa vida uma verdadeira direção para o bem:

---

111 Cf. GOUREVITCH, A. *Les Catégories de la culture médiévale*. Paris: Gallimard, 1983, p. 249.

- Acreditamos realmente naquilo que anunciamos?
- Vivemos o que cremos?
- Somos testemunhas daquilo que vivemos?
- Somos suficientemente livres para ir pelo mundo?
- Somos solidários em pensamentos, palavras e ações com as pessoas?
- Aceitamos que nossa rigidez seja menos tensa?
- Sabemos nos oferecer como somos ao Crucificado?[112]
- Onde depositamos a nossa Esperança?

Existe outra questão que nos parece inevitável:

- Podemos combater com o peso do não perdão? O perdão é provavelmente o que realmente faz do homem um Filho de Deus, conformando-o a Cristo.

Que aquele e aquela que respondeu sim medite nesta palavra: "Tu, me siga" (Jo 22,21).

---

112 Cf. 2Cel 194. • LM 7,3. • SAINT JÉRÔME. "Lettre 52,5". In: *Lettres*. Vol. 2. Paris: Les Belles Lettres, 1951, p. 178 [Ed. de J. Labourt].

Conclusão
A paz se conquista e a fraternidade se vive

Que a meditação que acabamos de compartilhar nos ajude a aceitar que no interior de nossa "casa", a calma une-se à luta, e que a presença do Senhor não elimina o perigo do inimigo. Espaço iluminado e lúcido, nossa "casa" precisa ser defendida.

O caminho espiritual é feito de luzes e sombras. Nosso equilíbrio coabita com a tensão interior e nosso ideal repousa sobre uma visão realista do homem. Frei Francisco é um homem de tensão em quem a clareza interior aparece como fruto de uma longa iniciativa de purificação e de pacificação. Seja qual foi seu adversário, ele não busca derrotá-lo, mas propiciar-lhe salvação, pois, para ele, a luta culmina quando não existem mais vencedores. Esta é a diferença essencial e a grandeza do combate espiritual de Francisco.

A verdadeira vitória no combate é obter a paz, para si e para os outros. Só assim há vitória em Cristo.

A fraternidade é a única condição válida para concluir um combate vitorioso na paz. De fato, a paz não se compra, tampouco podemos viver a fraternidade sem que ela testemunhe concretamente uma opção de vida feita por amor.

Estamos dispostos a enfrentar este desafio? Desafio de peregrinar em busca permanente da paz, da fraternidade e da alegria e beleza de viver?

O combate espiritual é uma arte de viver.

Paz e bem!

Anexos
Como Frei Masseu investigou a humildade de São Francisco

Quando São Francisco morava no eremitério da Porciúncula com Frei Masseu, homem muito santo que sobressaía pelo dom da palavra de Deus e por um grande discernimento – razão pela qual era muito amado pelo santo –, num certo dia, ao voltar São Francisco do bosque onde estivera para rezar e estando já na saída do bosque, Frei Masseu, indo-lhe ao encontro e querendo experimentar o quanto era humilde, disse a São Francisco: "Por que a ti, por que a ti, por que a ti?" Redarguiu São Francisco: "O que disse Frei Masseu?" [E este]: "Porque todo mundo parece vir atrás de ti; e todos procuram ver-te, ouvir-te e obedecer-te. Tu não és um homem belo; tu não és de grande ciência ou sabedoria; tu não és nobre! Então, por que todo mundo vem atrás de ti?" E o bem-aventurado Francisco, ouvindo isto, totalmente alegre em espírito, elevando o rosto ao céu, ficou de pé por grande espaço [de tempo] com a mente dirigida a Deus; e voltando a si, ajoelhando-se, louvando e rendendo graças a Deus, virou-se em grande fervor de espírito para Frei Masseu e disse: "Queres saber por que a mim? Queres saber, e saber bem, por que é que todo mundo vem atrás de mim? Isto me provém dos olhos santíssimos de Deus, os quais comtemplam em toda parte os bons e os maus. Pois aqueles bem-aventurados e santíssimos olhos não viram entre os maus um pecador maior, mais vil e mais ignorante do que eu; e por isso me escolheu, porque, para realizar esta admirável obra que pretende fazer, não viu na terra criatura mais desprezível: porque, o que é estulto do mundo, Deus o escolheu para confundir os sábios, e o que é ignóbil e desprezível e fraco do mundo, Deus o escolheu para confundir os nobres, os grandes e os fortes; a fim de que a sublimidade da virtude provenha de Deus e não da criatura, de modo que nenhuma criatura se glorie diante dele; mas quem se gloria glorie-se no Senhor, para que somente Deus tenha a honra e a glória para sempre".

Então, diante de tão humilde resposta proferida com tanto fervor, Frei Masseu ficou estupefato e reconheceu verdadeiramente que o santo pai, verdadeiro discípulo do Cristo humilde, estava fundado na verdadeira humildade. Amém (AtF 10; cf. tb. *Fioretti* 10).

Frei Bernardo de Quintavalle[113] *e Frei Gil mendigam em Florença*

Nesse mesmo tempo, estavam na cidade de Florença dois irmãos que andavam procurando hospedagem, mas não podiam encontrar de maneira alguma. Chegando, então, a uma casa que tinha um pórtico na frente e no pórtico um forno, disseram um ao outro: "Poderíamos hospedar-nos aqui". Pediram, portanto, à dona daquela casa que se dignasse acolhê-los em sua casa. Recusando-se ela com firmeza, rogaram-lhe que permitisse que se hospedassem por aquela noite perto do forno.

Ela lhes consentiu. Mas, quando veio seu marido e viu os irmãos no pórtico perto do forno, disse-lhe: "Por que deste hospedagem a esses malandros?" Ela respondeu: "Eu não quis que eles se hospedassem em casa, mas permiti que se deitassem fora, no pórtico; e daí não nos poderiam roubar coisa alguma, a não ser lenha, talvez". E, por causa desta suspeita, não quiseram emprestar nada aos irmãos para se cobrirem, embora naquele tempo o frio fosse muito intenso. Naquela noite, porém, os irmãos, levantando-se para as Matinas, se dirigiram à igreja mais próxima.

Depois que amanheceu, aquela mulher, indo à igreja para ouvir a missa, viu que eles estavam devota e humildemente em oração. Disse consigo mesma: "Se esses homens fossem malfeitores, como meu marido dizia, eles não se aplicariam tão reverentemente à oração".

---

113 Bernardo de Quintavalle foi o primeiro irmão recebido na Ordem.

Enquanto a mulher refletia sobre isto, eis que um certo homem, de no Guido, andava pela igreja e distribuía esmolas aos pobres que encontrava. Quando se aproximou dos irmãos e quis dar uma moeda a cada um, como [dera] aos outros, eles recusaram aceitá-la. Ele lhes disse: "Por que não aceitais as moedas como os outros pobres, já que vos vejo igualmente pobres e necessitados?" Respondeu um deles, Frei Bernardo: "É bem verdade que somos pobres, mas a nossa pobreza não é tão pesada como a dos outros pobres, porque, pela graça de Deus e para cumprir seu conselho, nós nos tornamos pobres".

Considerando, porém, a mencionada mulher que os irmãos haviam recusado as moedas, aproximando-se deles, disse-lhes: "Cristãos, se quereis voltar à minha casa, eu vos acolherei de bom grado". Responderam-lhe os irmãos humildemente: "O Senhor te dê a recompensa". Aquele homem, ao ver que os irmãos não tinham podido encontrar hospedagem, tomando-os, conduziu-os para a sua casa e disse-lhes: "Eis a hospedagem que o Senhor vos preparou. Permanecei nela conforme bem vos aprouver". E eles renderam graças a Deus, porque fez misericórdia com eles e ouviu o clamor dos pobres. Permaneceram com ele por alguns dias. E, assim, por causa das palavras que deles ouviu e dos bons exemplos que viu, ele distribuiu, depois, muitas coisas aos pobres (AP 20b-22b).

Algumas questões podem emergir em decorrência deste ensinamento. Quando lhe perguntam se haviam tido antes alguns bens, os irmãos respondem afirmativamente, mas que os haviam distribuído aos pobres por amor a Deus. Confrontados com os dramas de nossa época, quais são as nossas respostas? O que nos ensina Francisco e seus irmãos?

Ensinava os seus a construírem pequenas habitações pobrezinhas, de madeira e não de pedra, e a erigirem as cabanas com aparência desprezível. E, muitas vezes, fazendo um sermão sobre a pobreza, recordava aos irmãos aquela palavra do Evangelho: As raposas têm suas tocas, e os pássaros do céu seus ninhos; o Filho de Deus, porém, não teve onde reclinar a cabeça (2Cel 56; cf. Mt 8,20; Lc 9,58).

Seu zelo pela perfeição dos confrades

[Primeiramente, como lhes descreveu o frade perfeito]

De certo modo transformado nos santos frades pelo ardor do amor e pelo fervor do zelo que tinha pela perfeição deles, o santíssimo pai pensava muitas vezes dentro de si sobre as qualidades e virtudes que deviam ornar um bom frade menor. E dizia que seria bom frade menor aquele que tivesse a vida e as qualidades destes santos frades: a fé de Frei Bernardo, que, com o amor à pobreza, a teve de forma perfeitíssima; a simplicidade e a pureza de Frei Leão, que foi realmente de uma pureza santíssima; a cortesia de Frei Ângelo, que foi o primeiro cavaleiro a entrar na Ordem e que era ornado de toda gentileza e benignidade; o aspecto gracioso e o senso natural com a conversa agradável e devota de Frei Masseu; a mente elevada em contemplação que Frei Egídio teve até a máxima perfeição; a virtuosa e constante oração de Frei Rufino, que rezava sempre, sem interrupção: mesmo dormindo ou fazendo alguma coisa tinha sempre seu espírito como o Senhor; a paciência de Frei Junípero, que atingiu um estado perfeito da paciência, porque tinha plena consciência da própria vileza, que continuamente tinha diante dos olhos, e um ardente desejo de imitar a Cristo no caminho da cruz; o vigor corporal e espiritual de Frei João di Lodi, que, naquele tempo, ultrapassou todos os homens em força física; a caridade de Frei Rogério, cuja vida inteira e comportamento estavam no fervor da caridade; a solicitude de Frei Lúcido, que teve grandíssima atenção e quase não queria morar um mês no mesmo lugar, mas quando lhe agradava ficar num lugar, imediatamente se afastava e dizia: "Não temos morada aqui, mas no céu" (2EP 85).

Nenhum dos frades parece buscar uma perfeição inatingível aqui na terra, mas nenhum deles desperdiça a graça. Cada um deles, pelo acolhimento do dom de Deus, dá uma resposta qualitativa e espiritual e se enriquece com a resposta do outro. Sempre existe, portanto, um "bom frade menor" no meio deles, com as santas virtudes que enriquecem a fraternidade.

Conhecimento das coisas ocultas

Entre muitas coisas que vários experimentaram, seja relatado para interesse de todos um fato, do qual não pode originar-se nenhuma dúvida de que ele conhecia as coisas ocultas dos corações alheios. Um irmão de nome Ricério, nobre de estirpe, mas mais nobre pelos costumes, que amava a Deus e desprezava a si mesmo, ao ser conduzido por piedoso espírito e plena vontade de poder alcançar e ter perfeitamente o afeto do santo pai Francisco, temia muito que São Francisco o detestasse por alguma razão oculta e assim o privasse da graça de sua afeição. Porque era temente a Deus, aquele irmão julgava que todo aquele que São Francisco amasse com profunda caridade também seria digno de merecer a graça divina; e, pelo contrário, pensava que aquele a quem ele não se mostrasse benévolo e favorável incorreria na ira do juiz celeste. E o dito irmão revolvia estas coisas no espírito, frequentemente as falava consigo mesmo em silêncio, não revelando absolutamente a ninguém o arcano de seu pensamento.

Num dia, como o bem-aventurado pai estivesse rezando na cela e o referido irmão, perturbado pelo habitual pensamento tivesse chegado ao lugar, o santo de Deus tanto soube da chegada dele quanto entendeu o que ele revolvia no espírito. Por conseguinte, mandou que ele fosse imediatamente chamado à sua presença e disse-lhe: "Nenhuma tentação te perturbe, filho, nenhum pensamento te exacerbe, porque és caríssimo para mim e saibas que, entre os que me são especialmente caros, és digno de minha afeição e amizade. Vem ter comigo com segurança quando quiseres, e usa [para comigo] a linguagem da familiaridade". O predito irmão ficou extremamente admirado e, tornando-se a partir daí mais reverente, quanto mais cresceu na simpatia do santo pai tanto mais confiantemente começou a dilatar-se na misericórdia de Deus (1Cel 49,1-50,4).

As palavras que Francisco diz são avassaladoramente humanas e testemunham com grandeza sua experiência da necessidade e do amor de todo homem. Ele sabe abrir-se ao sofrimento deste irmão, se faz disponível e o consola. E o chama de "filho", não seria para direcioná-lo ao "Pai misericordioso", fonte da verdadeira consolação?

Saudação às virtudes

Ave, rainha sabedoria, o Senhor te salve com tua irmã, a santa e pura simplicidade. Senhora santa pobreza, o Senhor te salve com tua irmã, a santa humildade. Senhora santa caridade, o Senhor te salve com a tua irmã, a santa obediência. Santíssimas virtudes todas, salve-vos o Senhor de quem vindes e procedeis.

Não há absolutamente em todo o mundo nenhum homem que possa ter uma de vós se antes não morrer. Aquele que tem uma e não ofende as outras tem todas. E aquele que ofende uma não tem nenhuma e a todas ofende. E cada uma delas confunde os vícios e pecados.

A santa sabedoria confunde a satanás e todas as suas malícias. A pura e santa simplicidade confunde toda a sabedoria deste mundo e a sabedoria da carne. A santa pobreza confunde a ganância e a avareza e os cuidados deste mundo. A santa humildade confunde a soberba e todos os homens que há no mundo e igualmente todas as coisas que há no mundo. A santa caridade confunde todas as tentações diabólicas e carnais e todos os temores da carne. A santa obediência confunde todas as vontades próprias, e carnais, e mantém o corpo mortificado para a obediência ao espírito e ao seu irmão e orna o homem súdito e submisso a todos os homens que há no mundo, e não somente aos homens, mas também a todos os animais e feras, para que possam fazer dele o que quiserem, tanto quanto lhes for permitido do alto pelo Senhor (SV 1-18).

O combate dos vícios e das virtudes é o da vitória para a liberdade interior.

Referências

BORIS, C. *L'Ensorcellement du monde*. Paris: Odile Jacob, 2001.

BRUNETTE, P. *Essai d'analyse symbolique des admonitions de François d'Assise*. Montreal: Université Pontificale Grégorianne, 1989 [Tese de doutorado].

DALARUN, J. (org.). *François d'Assise*: écrits, vies, témoignages. Paris: Du Cerf/Franciscaines, 2010 [Éditions du VIIIe Centenaire, 2 vols.].

DAUTAIS, P. *Éros et liberté*. Bruyères-le-Châtel: Nouvelle Cité, 2016.

EVDOKIMOV, P. *Les Âges de la vie spirituelle*. Paris: DDB, 2009.

FLOOD, D. *Frère François et le mouvement franciscain*. Paris: Ouvrières, 1983.

LARCHET, J.-C. *Thérapeutique des maladies spirituelles*. Paris: Du Cerf, 2000.

LECLERC, É. *Cantique des créatures*. Paris: Desclée de Brouwer, 1988.

LOSSKY, V. *Essai sur la théologie mystique de l'Église d'Orient*. Paris: Du Cerf, 2009.

MAÎTRE ECKHART. *Les Sermons (60-86)*. Paris: Seuil, 1979 [Trad. J. Ancelet-Hustache].

_____. *Les Sermons (1-30)*. Paris: Seuil, 1974 [Trad. J. Ancelet-Hustache].

_____. *Les traités* Paris, Seuil, 1971 [Trad. e intr. de Jeanne Ancelet--Hustache].

MANGIN, É. *Maître Eckhart ou la profondeur de l'intime*. Paris: Seuil, 2012.

MATHIEU, L. *La Trinité créatrice d'après saint Bonaventure*. Paris: Franciscaines, 1992.

MATURA, T. *François d'Assise* – Héritage et héritiers huit siècles après. Paris: Du Cerf, 2008.

MÉNARD, E.H. *Une vie offerte*. Bruyères-le-Châtel: Nouvelle Cité, 2017 [Textos selecionados e compilados por P. Christian Rodembourg].

RATZINGER, J. *Église, oecuménisme et politique*. Paris: Fayard, 1987.

WEIL, S. *La Pesanteur et la grâce*. Paris: Plon, 1947.

XERRI, J.-G. *À quoi sert un chrétien?* Paris: Du Cerf, 2014.

Índice

Sumário, 7

Abreviações, 9

Prefácio, 11

Preâmbulo, 13

I – O combatente, 15

A aprendizagem, 15

Por quê? Com vista a quê?, 15

Devir pessoal e responsabilidade, 22

A fraternidade, uma força de vida, 24

II – A pedagogia divina no centro do combate, 28

Uma experiência decisiva, 28

O fogo do inferno ou a chama do coração, 28

Não existe vida sem combate, 31

Francisco de Assis, "visionário" de Deus, 32

Fazer do combate espiritual um ato de amor, 32

Fazer do combate espiritual uma obra de paz, 35

Utopia, riscos e consequências, 38

A força do amor, 40

A liberdade do homem e a vontade de Deus, 47

Francisco fundamenta seu combate na missão de Cristo, 48

O envio dos discípulos, 48

O anúncio da Palavra, 53

Os aspectos fundamentais do combate espiritual, 56

III – O combate espiritual se vive no despojamento e na paciência, 59

A alegria da cruz, 59

Do início da Ordem, 59

Vincular combate espiritual e vida fraterna, 60

Escolher o bem e a ternura, 63

Fazer do mundo uma imensa comunidade, 68

Obediência a Jesus e a Maria, 69

O grande segredo de Francisco e sua arma de combate, 72

A fraternidade existe e vive porque o coração continua amando, 73

Reforçar a qualidade da vida fraterna, 76

A paixão do amor está no centro do combate espiritual, 80

IV – Todo combatente deve dispor de armas e saber se servir delas, 83

Amar mais, amar melhor, amar de verdade, 83

O amor é uma experiência decisiva, 83

O combate pela liberdade e pela vida, 88

As potências do Senhor e o desejo da alma no combate espiritual, 89

Francisco de Assis e as potências da alma; paixões e virtudes, 89

Potência que deseja: desejo de Deus, desejos humanos, temperança e pobreza, 94

Potência irascível: amor-próprio, coragem, renúncia e paz, 98

Potência racional: inteligência intelectual e conhecimento; razão, prudência e humildade, 102

V – Trabalhar com o capital espiritual dado por Deus, 106

A luta interior, 106

A inteligência do coração, 106

Francisco denuncia sua condição de pecador, 108

Desafios e limites, 114

A iniciativa de Francisco, 115

VI – A dimensão de interioridade no combate espiritual, 118

A escuta do coração, 118

Colocar o coração em relação ao Mistério de Deus, 118

A escuta da Palavra, 120

A frequentação assídua da Palavra de Deus, 120

A força do olhar, 123

Elevação e alargamento do olhar, 123

As prioridades no combate espiritual, 126

O combate se articula entre um agir, uma antropologia e uma esperança, 126

Exercitar-se na inversão de nossas prioridades, 127

Viver inteligentemente com a imperfeição das coisas humanas, 129

Não existem inimigos a destruir, mas pessoas querendo amor, 129

VII – O combate espiritual no mundo, ontem e hoje, 131

Como Francisco e seus irmãos se situam no mundo?, 131

A inserção evangélica no mundo, 132

O mundo serve de lição e apelo à conversão, 135

O mundo como ponto de ancoragem do combate espiritual, 136

O mundo entendido por Francisco como um plano de fé, 136

Os desafios do futuro, 139

A relação em perigo, 139

O mundo, lugar de combate espiritual privilegiado, 143

Conclusão – A paz se conquista e a fraternidade se vive, 145

Anexos, 147

Como Frei Masseu investigou a humildade de São Francisco, 147

Frei Bernardo de Quintavalle e Frei Gil mendigam em Florença, 148

Seu zelo pela perfeição dos confrades, 150

Conhecimento das coisas ocultas, 151

Saudação às virtudes, 152

Referências, 153

CULTURAL

Administração
Antropologia
Biografias
Comunicação
Dinâmicas e Jogos
Ecologia e Meio Ambiente
Educação e Pedagogia
Filosofia
História
Letras e Literatura
Obras de referência
Política
Psicologia
Saúde e Nutrição
Serviço Social e Trabalho
Sociologia

CATEQUÉTICO PASTORAL

Catequese
Geral
Crisma
Primeira Eucaristia

Pastoral
Geral
Sacramental
Familiar
Social
Ensino Religioso Escolar

TEOLÓGICO ESPIRITUAL

Biografias
Devocionários
Espiritualidade e Mística
Espiritualidade Mariana
Franciscanismo
Autoconhecimento
Liturgia
Obras de referência
Sagrada Escritura e Livros Apócrifos

Teologia
Bíblica
Histórica
Prática
Sistemática

REVISTAS

Concilium
Estudos Bíblicos
Grande Sinal
REB (Revista Eclesiástica Brasileira)

VOZES NOBILIS

Uma linha editorial especial, com importantes autores, alto valor agregado e qualidade superior.

VOZES DE BOLSO

Obras clássicas de Ciências Humanas em formato de bolso.

PRODUTOS SAZONAIS

Folhinha do Sagrado Coração de Jesus
Calendário de mesa do Sagrado Coração de Jesus
Agenda do Sagrado Coração de Jesus
Almanaque Santo Antônio
Agendinha
Diário Vozes
Meditações para o dia a dia
Encontro diário com Deus
Guia Litúrgico

CADASTRE-SE
www.vozes.com.br

EDITORA VOZES LTDA.
Rua Frei Luís, 100 – Centro – Cep 25689-900 – Petrópolis, RJ
Tel.: (24) 2233-9000 – Fax: (24) 2231-4676 – E-mail: vendas@vozes.com.br

UNIDADES NO BRASIL: Belo Horizonte, MG – Brasília, DF – Campinas, SP – Cuiabá, MT
Curitiba, PR – Fortaleza, CE – Goiânia, GO – Juiz de Fora, MG
Manaus, AM – Petrópolis, RJ – Porto Alegre, RS – Recife, PE – Rio de Janeiro, RJ
Salvador, BA – São Paulo, SP